増補新版

天理教の人生観

矢持辰三

天理教道友社

序

〇

道の理を、他人《ひと》様に伝えるのに、それが、十分自分の胸に治まって、実践の上にも名実が伴っている、というのが、道のようぼくの理想のあり方と思います。

そうした意味から言えば、この書の内容と自分のあり方があまりにも離れ過ぎているので、大変恥ずかしい思いがいたします。

〇

特に、この書の内容は、教義書と申すよりも、天理教の教義を裏付けにした、倫理の問題を取り扱ったから、余計にそのように感じるのかもしれません。

考えてみれば、このような倫理の問題を勉強しはじめた動機は、自分が他人様よりも倫理問題に欠如した点が多いから、それを、道の理の上から思案して、より成人せねばならぬ、という気持ちが働いてのことであったわけで、いわば、かくありたいと願うその願いのささやかな目標でもあったわけであります。

〇

『みちのとも』や『天理教学研究』あるいは『あらきとうりよう』に発表いたしたのを骨にして書き直したものでありますが、どうも一般向きのしない文章になってしまいました。何かとご批判をいただきたいと思います。

〇

それから、現在、世の中のいろんな雑誌類を読みますと、同じような問題を取り扱ったものが大変多いのですが、どうもそうしたものと調子が違っております。そのために面白くないと思われる方があるかもしれませんが、あくまで、教義の上に立って書いておりますので、ご了承いただきたいと思います。

〇

文中、他の宗教との比較をしたところがあります。

これは、道の理の特色をはっきり知るために、あえて、比較するような形式をとりました。

それがよいのか、わるいのかも分かりませんが、親神様の御教えが、世界最後《だめ》の教えと言われるゆえんを私が納得するのに、大変役立ちましたから、その方法を用いたまでであります。

〇

親神様の御教えを、具体的に日常生活にどのように生かしたならばよいのか、という問題は、今も、今後も、社会が複雑になればなるほどたくさん出てまいります。そうした問題は今後ますます研究が重ねられねばならぬと思いますが、そうした方向への一つの試みとして書いたものであります。

ご批判を受けながら、さらに努力をいたしたいと念願しております。

〇

この書の出版に、助言とお力添えをいただきました、道友社長田邊教一先生、掛員西山輝夫先生に厚く御礼申し上げます。

昭和四十一年十二月一日

矢持辰三

再刊に際して

拙著『天理教の人生観』を再刊してはどうかという話が道友社からあった。

この書は、家庭における「親子の問題」「夫婦の問題」さらには人間の「生と死の問題」を取り扱ったもので、いわゆる倫理に関する課題を、天理教の教理に基づいて考察したものである。

元来、倫理を問うということは、社会における人間のあり方を問うことであるから、その時の社会が舞台となる。

この書は、三十数年前に書いたものであり、その後、私たちが経験した時代感覚には相当の変遷やずれがある。それ故、本書が果たして再刊する価値があるかどうかを思案して、一時躊躇《ちゅうちょ》した。

しかし、いつ、いかなる時代、いかなる社会においても、この道の教理や、教祖《おやさま》のひながたは普遍的であるはずだし、私たち信仰者はそれを体現していかねばならないという必然的な使命感というようなものがある。

いまもそうであるが、この書を書いた当時の私は、戦前・戦中・戦後を生きてきて、その都度いかに生きるかの価値観が大きく変化しただけに、一人の人間として、その生き方の根底に、親神の教えや教祖のひながたに規範を求める意欲は旺《さか》んであった。そうした求道心の上から書いたものであるので、読み返して、いまも決して私の意に悖《もと》るものでないと思案がついたので、再刊していただくことにした。

ただ、三十数年前の社会感覚と、現在の社会感覚には相当の開きがあるので、果たして読者に理解していただけるかどうかに不安が残る。

東洋思想に「不易流行」という言葉がある。移り変わる社会の状態の中にあっても、変わってはならない「不易」のものがあり、失われてはならぬ不易に対して、変わるもの――流行――の中に不易が生かされねばならぬという思想である。

初版は、人間の基本的なあり方を親神の言葉に求め、また、教祖のひながたに求めたとき、「不易」なものを、ということを求めて書いたもののように思う。

立教百六十一年（平成十年・一九九八年）十月二十五日、四代真柱様によって『諭達第一号』が発布された。その中に、

「世界は未だ争いの絶え間なく、飽くなき欲望は生命の母体である自然環境をも危うくして、人類の未来を閉ざしかねない。人々は、我さえ良くば今さえ良くばの風潮に流れ、また、夫婦、親子の絆《きずな》の弱まりは社会の基盤を揺るがしている。まさに今日ほど、世界が確かな拠《よ》り所を必要としている時はない。この機において、この書を世に問うことは、決して無意味とは思われない」

と示されている。

このような理由で再刊することにしたが、この書が昭和四十二年（一九六七年）一月に初版が発行されて以来、新しき二〇〇〇年のミレニアムを迎えた今日まで、三十数年の間に、日本は世界史上で類例のない急速な高齢社会を実現した。

現在、家族関係の問題を取り扱うのに高齢者に対する関心を除外して考えることは不可能である。

また、経済、教育、環境などの変遷は、家族問題に種々の陰を投げかけている。

そうした事柄は、旧版ではほとんど触れていない。

さきほど触れた「不易流行」の「流行」に相当する現在社会の部分として、

Ⅴ　家族

現在の家族問題

高齢社会をどう生きるか

を付け加えたことを断っておかねばならぬ。

立教百六十三年（二〇〇〇年）六月

著者

目次

Ⅰ　親と子

はじめに

この世に人間が生きる限り、親なくして自分の存在がないということは明らかなことである。

もちろん、世の中には生みの親の顔も知らないし、親のありがたさなどということは私には関係ないことだというような不幸な人もあるわけである。が、大部分の人たちは、自分の親を知っている。そして、ごく自然に、親子の間柄を作り、いまさらあらたまって、親子の間柄がどうのこうのと問題に取り上げる必要のないほど、親密な情愛の内に生活を営んでいる。

親子の間柄は、このように、他人が口をさしはさむ余地のないほど親密な間柄であるにもかかわらず、私たちの周囲には、案外親子の間柄がうまくいっていない場合もたくさんある。

子供の成長は心身共に、幼時から少年期、青年期、さらには壮年期と、瞬時も止まることなく進む。親は子供の成長に対して、期待に応《こた》えてくれる希望と、あるいはそうでないかもしれない不安との入り交じった気持ちを、常に感じているに違いない。

そして子供の年齢が進むにつれて、親である自らの資格が、子供の上に嘘《うそ》いつわりなく映し出される姿に、人生の厳粛さをしみじみ感じ取ることであろう。

ここに、親子の問題について述べようと思うのも、理屈抜きに分かっているはずの親子関係をもう一度反省して、宿命的な親子関係の意味を探りつつ、いま仮に、どうにもならなくなったような親子関係でも、信仰的には解決の道のあることを見いだそうという意図からである。

親子の意味

血のつながりという意味

親子の関係を反省するために、まずはじめに、親子とは、一体どういうわけで親子になったのかという、至極分かり切ったことを問題としたい。至極分かり切ったことが、実は大変重要なことになってくる。

親子関係のことを、私たちは、血縁の最も濃い間柄としている。法律の上では第一親等の間柄という。

血縁関係、いわゆる「血の間柄」は、また「生み・生まれる」の間柄でもある。これは東洋においても西洋においても変わりはない。

「血はあらそえぬもの」とか「血は水よりも濃い」という表現がなされるので、父母の血液が子供に直接流れているように思うのであるが、厳密に言えば、親子は直接的に血液がつながっているというわけでもない。

もちろん、現在の生物学では、両親の血液の因子によって子供の血液の型が決定されることは認めていても、生体的な血液そのものが生みの原因であるとは認めてはいない。血液に代わるに微細な生殖細胞を原因としている。

この生殖細胞は、少なくとも、直接的に血をもって表現できるものではない。それにもかかわらず、人は、親子の間柄を血をもって言い表そうとする。

それはおそらく、血液に生命を生み出す神秘力を認め、へその緒は母胎から胎児に血液を送り込んだ管であると信じたためであろう。

また、通常子供は不思議にも親に似る。そのために、直接的な肉体のつながりを何らかの意味でつかみたいのが人情であったものか、最も肉体の上で流動性のある血液をもって親子の関係を表現した。

親子が、顔や姿が似通うだけでなく、音声、性格までも似るということについては、生物学の進歩した現在においても、ただ「遺伝」という言葉で表現されるだけで、何故に、という質問に対しては、全然説明がつかないとされている。

このように、親子の間柄は、血をもって生みを表現しながら、自然科学の領域においても、ただ不思議な神秘力としてみつめられるのである。

親子になる条件

さて、親子の関係が成立する条件についてであるが、先ほどから述べてきた、いわゆる「血の間柄」と表現される生み・生まれるの関係こそ、親子関係が成り立つ最も確かな条件であると思われるし、また、事実、通常は生み・生まれるという生殖関係において親子の間柄を認めているのである。

しかし、子供が母胎に宿るということは、単なる人為的な行為によるのではないはずである。

たとえば、子供を欲しがる夫婦に子供が産まれなかったり、あるいは、かえって子供の産まれることを恐れる夫婦に子供が多いという場合も多い。

おさしづに、

……子多くて難儀もある、子無《の》うて難儀もある。子ある中に、未《ま》だや〱、未だ追追という者もある。これ皆前生のいんねんである。（明治二一・二・一五）

とある。

現在の社会において、産児制限や妊娠中絶が当然のことのように行われ、いかにも子供の受胎と出産が、人為的あるいは人意的に考えられているが、だからといって、生命誕生の神秘力をいささかも消すものではない。かえって、それが社会問題として取り上げられるということは、神聖なる神秘力に対する依憑《いひょう》の感情を強く示す証拠でもあろう。

母親は、その子が自分の胎内に宿ったことを直接に知っているわけでなく、彼女は生理の変化や、その産褥《さんじょく》の苦しみ、あるいは哺乳の世話を通して、我が子との関係を自覚する。

もちろん、胎児の成長に直接に関与して、彼女の好みに作り上げることができるわけでもない。現在は科学的操作によって出産までに男女の別を知ることができるが、直接的に彼女は胎児が男か女かの区別もつかぬのである。あくまでそれは神秘に属する事柄とみるほかはない。

この事実を、我々の信仰においては、全き親神の自由自在の摂理と信ずるのである。

おふでさきにおいては、

たいないゑやどしこむのも月日なり

むまれだすのも月日せわどり　六　131
と示される。
すなわち、子供の出生は、人為的でありつつ、実は、親神の深い神秘的秘義による事柄であることが納得される。
だから、我々人間が、親子という間柄につながれることを、神聖な親神の摂理によったものである、という見方において条件づけることは、我々の信仰において基本的なことになるのである。

生みの親より育ての親

かくみれば、親子関係成立の基本的条件は、子供は親神から与えられ授けられたものであるという確信から出発するのであるが、しかし一般に親子関係が具体的な日常の確信にもたらされるのは、ただ単に、生み・生まれたという関係によったのではない。たとえば頭髪が自然にのびたり、爪《つめ》が自然にのびて、それが自分の所有物であると言えるような関係ではなく、生命をかけて養育し、養育されたという身体の触れ合いがあって初めて確信されるものである。

通常、生みの親は、そのまま育ての親となるので、ごく自然に、人は親子の関係を作り出している。

しかし、極端な例かもしれないが、産院で嬰児《えいじ》が何かの手違いで取り換えられた場合、母親は全く気づかぬ限り、その子を我が子として、何の矛盾も感じることなく養育し、子もまた何の矛盾もなく親と信じるに違いない。

嬰児のうちに里子に貰《もら》われた子は、他人がその間柄を妨げぬ限り、立派に親子関係を作るのである。

古来「生みの親より育ての親」とは、この辺の事情を申しているのであろう。

かくみれば、親子関係が成り立つ条件は、生み・生まれるの関係でありつつ、必ずしも血で表現される生殖関係のみによるのではなくて、養育に基づく信頼や愛によるものであることを知らねばならない。

したがって親子関係を表す「血」とは、生体を形成している物質的な血液でもなければ、また生殖細胞でもなく、親と子の間に交わされる主体的な情愛を示すものである、とみることができる。

親子関係は、その種々相が考えられるのであって、それはそれぞれにおいて当然、本質的な親子関係を成り立たせるものであり、理想的な親子関係を志向し、目指すものでなければならない。

たとえば、先に述べた嬰児のときに貰われたような場合とか、父母のどちらかが生別あるいは死別して、新しき父あるいは母を迎えた場合、あるいは父や母に連れられて新しき父や母のもとに縁が結ばれる場合、などが考えられる。

しかし、世の中には「生み・生まれた」という関係がないという理由だけで、最初から親子関係に溝ができてうまくゆかぬ場合が多いものである。そしてそのような間柄について、昔から「なさぬ仲」「義理の間」というような言葉で言われてきた。

これには一つの理由があろう。この理由こそ実は、親と子の間に交わされる主体的な情愛の欠如を示すもので、情愛の欠如しやすい状況があったことも事実であるが、しかし私には、主体的な情愛を作り出す以前に、その努力をしなかったり、本質的な親子の成立条件を、在来の義理の間柄というような社会の通念に毒されて誤解しているような場合に起こりがちであったように思うのである。

私は、まず、血の間柄と示される親子関係について、一般には生殖関係による生み・

生まれるの間柄を示すが、実は本質的には、主体的な情愛において育て・育てられる養育関係を言い表すものであって、あえて、肉体的に生み・生まれる関係がなくても、真実に真心かけた養育関係のあるところには親子関係が立派に成立する、ということを強調しておこう。

親から子へ

親子関係の変遷

夫婦に子が与えられることによって、彼らは父母に転化する。そして新しき人生が始まる。しかし、この新しい父母子の生活は子の成長と共に変遷しなければならない。子が嬰児であるとき、少年であるとき、青年であるとき、壮年であるとき、それぞれの子の成長に応じて、親子の関係は変わらざるを得ない。

もちろん、親が子を思う情愛に変わりはなくても、急速に変化する子の成長に応じて、親が子に対するあり方は変遷しなければならない。

親子関係は、この長期の生活を含んだものとして理解されなければならないのである。

子が幼少であるときは、親子の関係は、主として養育の関係になる。通常、親は子の身体の健全な発育に努力するのみならず、言葉を教え、歩行・食事などの技術や行為を教えて、余すところなき慈愛のもとに子を養育する。

一般に子の発達段階を、乳児期（出生〜一歳）、幼児期（一歳〜六歳）、児童期（六歳〜十二、三歳）というように分けて考えている。

通常、人はこの時期を子供と言っている。大人や青年に対して子供と区別した言い表し方である。

この時期は、全く一方的な親の意志によって子供は養育され、親の権威はある程度無条件に通用するのである。そして皮肉なことに、この時期こそ、その子の性格が形成されつつある最も重要な時期であると言える。

親の権威が最も通用する子供の時期こそ、その子の人格の基盤ともなるべき性格が決定される時期であるとするならば、親は自らの養育の責任が、一人の子の人格にいかに参与するのか、また、我が子といえども、一人の社会人を世に送り出す上に、いかに大きな役割を持つものなのかということを、既にこの時期に自覚すべきではなかろうか。

児童期における両親の子に及ぼす態度がいかに子に結果されるかということについて、心理学者の一般的意見を参考までに述べておこう。

（溺愛《できあい》型） 子に対して盲目的な愛にひかれ、子の言うままに生活させる態度で、あれがほしいと言えば与え、これがほしいと言えば求めてやり、嫌いだと言えばそれを避け、食べたくないと言えば食べなくてもよいといった態度で育てる型である。祖父母の溺愛にまかせ切った場合なども、この型にあてはまると思われるが、こうした態度で育てられた子は、いわゆる、甘ったれ子で、いつまでたっても独り立ちができず、小学校にも行きたがらず、青年期に入っても、依存性が強く積極性のない性格の子に育つと言われている。

（厳格型）溺愛型とは全く逆に、子のすべての行動を、大人の尺度をもとにして見つめ、少しでもこれから外れるとやかましく干渉する態度で、泣けば叱《しか》り、怖がればさらに叱るといった態度で育てる型である。古来から継子《ままこ》いじめなどと言われたように、親子の間に流れる本質的な情愛が感じられないような間柄がそれに該当するように思われる。このように育てられた子は、常に反抗的で、いわゆる、いじけた子供になると言われる。劣等感に陥って、やることなすことがヒネクレているというような性格に育つと言われている。

（神経質型）親がその感情にまかせて、ただ子がすることが無性に心配でたまらないので、いちいち細かに干渉するというわけで、始終子のすることにハラハラしている態度である。

親として至極当然の心遣いとは申しながら、度が過ぎると、線の細い、いちいち人の顔色を見て行動する子に育てられ、いわゆる、神経質な子に育つのである。

（放任型）決して悪い意味において放任するのではなく、子の思う通りに何でもさせようとする態度で、特別に他人に迷惑をかけたり、危険に陥らぬよう見守りつつ、少々泣いても放っておいて自分で解決をつけさせる、というような態度で育てる型である。

いわゆる、のびのびしているという型の子供に育つと言われている。

（反省型）子供のすることに対して種々の制限を加えはするが、子供の立場に立って反省的に考え、いちいち納得のできるよう、静かに言って聞かすという合理的な態度で臨む育て方である。

一人でいても、また、共同生活においても、節度のある子供に育つと言われている。

（閑却型）子供のことを全然念頭におかないで、まるっきりかまわぬという態度で育てる型である。夫婦共稼ぎの家庭とか、案外上流家庭と言われる家庭で、父母共に社交界に出て家庭を顧みないというような場合に多い。いわゆる、手のつけられない子供に育つ場合が多いとされている。

もちろん、これらの型がすべてであるとは思われないが、一応納得させられるものがある。児童心理学的には、計画的放任型と言われる態度と、反省型と言われる態度の両面をそなえた合理的な態度が、最も望ましい性格と能力を子の身に付けさせるのに効果的であると言われている。

理想と現実

児童心理学や、教育の方法論を学べば、なるほど、もっともと思われる子供の養育や教育の方法が分かる。

しかし、これを実際の場合にあてはめようとすれば、うまくゆく場合もあるが、またうまくゆかぬ場合もある。否、私には、うまくゆかぬ場合の方が多いのではなかろうかと思われる。

現在の日本の社会において、落ち着いて子供のことを考え、そして理想通りに養育できる環境にある家庭が、どれほどあるであろうか。

特に、一九七〇年代以降、日本は高度産業社会の進展によって、女性の社会進出が増え、あらゆる事柄を金銭によって解決しようという風潮が起きて、子供の養育にさまざまな問題をかもし出したことは、衆知の認めることである。

また、いま仮に、両親の教養も環境も申し分ないという家庭があったとしても、その子供たちが必ずしも理想通りに育つかといえば、そうでない場合だってたくさんある。教育学者や道徳家と言われる人たちの子供が、必ずしも理想通りに育てられるかといえば、そうは言えまい。理論が分かっているということが、必ずしも理想通りに実行できるということではない。かといって、理論を軽視しているわけではない。理論が分かっていて、それが実行できることがよいのである。

そしてまた、いかに両親の教養も環境も優れていても、子は常に健康であるとは限らない。子の病気を治すために、親は、精も魂も尽き果たしてしまう場合もある。

また、子は親の思い通りに生まれるとは限らない。次から次へ子が生まれるという家庭もある。そうした場合、子を思う親心に変わりはなくても、一口に慈愛という言葉通りに養育できぬことがある。「子多くて難儀」もあるわけである。そんな場合に、子は時に、心ならずも粗末に取り扱われる。こんな場合を戒めたもうて、親神はおさしづに次のように示される。

情無《なさけ》い、うたていな〳〵思えば、理が回る。めん〳〵よく聞き分け。世上の理を見るも聞くも、聞いて居るであろう。人の子さえ大事に育てる理がある。日々の理、重々の理に諭して置く。
（明治二五・八・八）

子供を育てる上において、うるさいという気持ちがあれば、その心通りの理がまわってくる。世上で他人の子供さえ大切に育てている例もあることを思えば、我が子を育てる上の心遣いも分かるであろう。日々の子供を育てる大切さを重々諭しておく、と、このように仰せくださっている。

信仰の上から子供を見れば

そこで、たとえ子がいかにあろうとも、大切に育てなければならぬという理由は、人間の親としての本能とも言われる親心に悖《もと》るという理由だけでなくて、信仰の上から見れば、次のように教えられているからなのである。

親が子となり、子が親となり、
（明治二一・四・一六）

と示されるところから、私たちは、通常、世の親子関係において言われる観念とはいささか違った次元に立って思案しなければならない。
　これは、私たちの信仰において教えられる永生末代の信仰における観念が基礎になる。すなわち、過去、現在、未来にわたって、末代に生き通すという信仰であり、生まれ替わり出替わりする出直しの信仰においてである。この信仰においては、我が子は前生の親の姿として「恩報じ」の観念において養育されねばならぬことになる（永生末代とか出直しの信仰については後述する）。
　さらにまた、

人間というは神の子供という。親子兄弟同《お》んなじ中といえども、皆一名一人の心の理を以《もっ》て生《うま》れて居る。何ぼどうしようこうしようと言うた処《ところ》が、心の理がある。

（明治二三・八・九）

と示され、おふでさきには、

をやこでもふう／＼のなかもきよたいも
みなめへ／＼に心ちがうで　五　8

また、

何人子供というてある。あたゑ持って生まれたる。あたゑという理聞き分け。

（明治二五・八・一五）

と教えられている。

すなわち、これらの御神言によって示される重要な観点は、第一に、「人間というは神の子供という」と言われる人間の神聖性にまず見いだされる。この場合の神聖性は、倫理学上で言われる人間の尊厳性、または、人間性の尊重などと言われるものとは比較にならぬほどの重さを感じさせるものである。

なぜかといえば、この世に存在する者として、人間が人間同士での立場から発言する尊厳性ではなくて、人間を創造し存在せしめている絶対者である親神から発言したまうからである。

第二には、「皆一名一人の心の理を以て生れ」「みなめへ〳〵に心ちがう」という、一名一人の人間の人格性に認められる。この人格性は、親子といえども、夫婦といえども、兄弟姉妹といえども、一人ひとりにおける自由なる人格であって、それは親神によって保証された、「あたゑ持って生まれた」という神聖なる人格として示されている。

ここに、心の理とか心ちがうと示されるのは、親神が、その心に働きたまうという意味の心であって、親神はいかに多くの子供といえども、個々人の心をお受け取りになるという人間の独立性、あるいは独尊性とも言うべき性格のものである。

もちろん、嬰児の場合にはその可能的な人格性に認められるのであるが、親が子に対する愛が、嬰児の行く末をいかなるものとして思量されるにしても、この思量を超えた深い意義において子は見いだされねばならぬことになる。

運命の創造

信仰によって裏づけられたこれらの理由によって、子の養育が親にとっていかに苦労であるにせよ、親はこの苦労において親神に応《こた》える喜びを感じ取らねばならない。

健やかに育ってくれる子の姿は、親が望む期待を満たすとか、あるいは老後の看取《みと》りを依頼するというような手段としての価値を担うものではないはずである。

実は、その養育そのものが親の喜びであり、陽気ぐらしであるということでなければならない。いわば、養育は手段でなくて目的そのものの意義を持つものなのである。

普通、幼児の養育は、幼児の全生活の隅々にまでゆきわたるものであり、最も親子関係の分離しがたい時期である。

しかし、親は、往々にして、この最も重大な時期において、反省よりもむしろ直接的な愛情のみを働かせている。時には子は親や祖父母の玩具《がんぐ》のように取り扱われる。けれどもこの時期にこそ、子の性格が決定せられると言われる。

このように子の運命はある程度、親の性格、あるいは養育の仕方によって決せられるとするならば、親は子の養育には、神聖なる人格の運命創造の大御業に参与するということになるのである。

子の養育そのものが、目的としての意義を持ち、親神に応える道であると言ったのも、如上のような理由からなのである。

子の養育が目的となされるとき、真によろこびが感じ取られる。いかに心理学的に、あるいは教育学的に洗練された方法がなされたとしても、その子の養育が、親の老後のための準備であったり、親の見栄《みえ》や、体裁のためのものであって、根本的に手段としての意義しか担わないときには、親神の受け取られる理はそれだけのことしかないはずである。現在、「教育ママ」という言葉が一種の批判的な意味を持つのは、こうしたことが原因しているのではなかろうか。

それに反して、子の養育が親の人格を通し、目的としての喜びにおいてなされるとき、理論や技術を超えて働きたまう親神の守護のあることは、ちょっと注意しておれば分かることである。

こうした親の反省は、子供の上にお見せくださる身上《みじょう》・事情においても、なすように促されている。

おふでさきに、

子のよなきをもふ心ハちがうでな
こがなくでな神のくときや　三　29
はや〳〵と神がしらしてやるほどに
いかな事でもしかときゝわけ　三　30
をや〳〵の心ちがいのないよふに
はやくしやんをするがよいぞや　三　31

と示され、また、おさしづにおいても

子の夜泣きは、親の心からという事は分かりあろう。（明治二一・一二・三一）

さあ〳〵夜泣き、子が泣く、どんな事情も諭してある。よう聞け。何《なん》にも彼《か》も神口説き、皆ふでさきにも知らしてある。（明治二二・五・七）

と示されている。

子の夜泣きほど親にとって切ないものはない。親神は子に対する養育上の苦労のすべてを、最も切ない夜泣きという代表的事例に示して、親の心の反省を促されている。

私たちは、こうしたとき、人間の親が子に対する切なさよりも、人間の親に対する親神の親心の切なさを感じ取るべきである。

親の心の反省を促される親神の親心が、いかなるものであるか、人間の親が反省しなければならぬ内容は何かということについては、その人、その場の内容において相違があろうが、一般に言い得ることは、夫婦が心を揃《そろ》えて思召《おぼしめし》に沿うということを要請したまう場合が最も多いように思われる。

夫婦の心は定規《じょうぎ》や、夫婦の心を定規にして、夫婦の心通りの子を授けるから結構と思え。（口伝）

などに示されるのは、子供が夫婦の心通りに授けられるということを物語っている。また、

小人々々は十五才までは親の心通りの守護と聞かし、十五才以上は皆めん〳〵の心通りや。（明治二一・八・三〇）

と仰せられているところから、十五歳までに現れる子供の身上・事情の理は、親の心通りの守護であると仰せたまうのである。

両親の心の働きが、物心つかぬ乳幼児の健康にまで及ぶということについては、科学的には証明のつきかねるところである。全く人知を超えた親神の摂理と申すべきである。もちろん、今日の生物学や、あるいは心理学においては、ある程度の証明がなされるようにも聞く。

たとえば、母乳が母親の感情によって乳児に害を及ぼすような変化を起こすとか、あるいは子供の前で夫婦が争うことによって、子供に不安や恐怖を与え、子供の肉体や精神に悪影響を及ぼすというようなことが説かれている。しかし、これらの科学的範疇《はんちゅう》に属さぬ場合が余りにも多いことも知るべきである。

科学的に説明がつき、証明されるから、親神のお言葉が真実であるのではなくて、親神のお言葉は、それが親神のお言葉であるがために真実なのである。科学はその真実の一部をのぞき見たに過ぎないのである。

信仰者は、それが親神のお言葉であるがために信じる。ただこの一つの事柄が最重要なのであろう。

青年期に入った子

子はいつの間にか大きくなっている。迅速な子の成長は、親を驚かすだけではなくて、とまどいを感じさせる。小生意気なことを言ったりして親を笑わせた中学生の時期は、ほんの二、三年で過ぎてしまい、声変わりをして、身体はみるみるうちに大人の仲間入りをしてしまう。

親よりも背丈が伸びた我が子に微苦笑をしつつも、急速に大人になってゆく子供をいかに取り扱えばよいのか、親はしばしば随伴に苦しむのである。

一般に青年期と言われるのは、男子は十四歳から二十四、五歳まで、女子は十三歳から二十一、二歳までの時期と言われていた。

男女とも十七、八歳ごろまでを前期と呼び、十七、八歳から、男子は二十四、五歳、女子は二十一、二歳まで後期と呼ぶようである。

現在社会の子供・大人の区別をする文化的なカテゴリーは、いささか異なってきたように見受けられる。イチゴ族（十五歳）と言われる世代の早熟と、「三十歳成人式」と言われるように、三十歳になっても大人の仲間入りをできる限り避けて、「親がかり」でいようとする世代が増えてきている。

このように、青年期の年代の変化があるとしても、親の世代と子の世代が対立の形になって現れてくるのは、この青年期と呼ばれる時期である。

特に青年時代においては、心身ともに大きく変化する時期であるから、親から見れば全く予期せぬことを言ったり行ったりする。そして、親の意志には容易に従おうとしない。

親の権威が無条件に通用するのは、子の性格が形成されつつある幼児のときである。子が成長して、自らの主張を持つようになれば、親の権威はそのまま通用しなくなる。しかし、実は権威が通用しなくなったのではなくて、親の影響がその結果を現しているのである。

親は子を非難する代わりに、自らの養育の反省をすべきである。

私たちの信仰においては、ただ単に、そうした場合に、養育の反省だけではなく、生活そのものの反省がなされるべきであると言える。

我が子で我が子の示し出けんのは、親の力の無いのや。（明治三〇・一二・一一）

まことに恐れ入ったおさしづであるが、親としてのあり方、親としての力が足っていたのかという反省こそ大切であるとお教えいただくのである。

ひるがえって、世の親たちが、大概口を揃《そろ》えて「私たちの若い時分は、こんなでなかったのに、今の若い人たちは、一体何を考えているのか、さっぱりわからない」と言う。

これは、決して無理のない言い方なのであるが、よく思案してみると、現在（昭和四十一年）、青年期の子供をもつ親は、四十代、五十代の人たちであると思う。この世代の人たちが青年期を迎えた時代は、おそらく戦時中であり、一切の価値観が現在とは違った時代であった。そして現在青年期を迎えた子供たちは、戦後数年して誕生している。いわば物質も乏しくて、生活の苦しい時期に育てられた子供たちである。

それが個人の生活も社会の生活も、ここ十年、十五年で著しく向上した。育てられた子供たちは、その育てられる時期の苦しさは、ほとんど知らない。

親たちは、過ぎこし過去を振り返って、自分たちの青年期とはおよそかけ離れた子供たちの姿を持て余している向きがある。

人間の形成は、遺伝と環境によってなされると言われる。もちろん、遺伝については難しい研究もなされているようで、親といえども、どうにもならぬ遺伝因子の影響を受けると言われ、また、先述したように、子は親の養育中における親の性格を映すとも言われている。さらには環境によって作られる部分もあるわけだから、考えてみれば、一概に世の親の養育の非ばかりをつくわけにはゆかないけれども、親のなし得る精いっぱいの配慮がなされていたかどうか、という点に問題があると思うのである。

たとえば、父母ともに学問の上で優秀であるのに、子供は先天的に劣等であるという場合がある。そんな場合に、親は、自分と同じように子に優秀な学者になってもらいたいと要求することは無理なのであって、むしろその子の持っているよき能力を伸ばすように努力すべきであろう。

私は、人間形成の要素としてあげられる遺伝因子の問題、これは必ずしも肉体上における事柄だけでなく、心の問題としても取り上げねばならぬと思うし、さらにはまた、環境の問題は、相当長期間の時間を計算に入れて、厳密には人間創造の「元の理」までさかのぼって、「いんねん」と言われる教義内容から説かれるとき、初めて納得されるように思われる。しかし「いんねん」の問題についてはまた、稿を改めて考えてみたい。

青年前期の心理

青年期に入った我が子に対して、親は子に与えた養育の反省や、あるいは遺伝や環境に関する配慮を試みることも、大切な角目《かどめ》であろうと思うが、さらには、人間一般として、青年期には、いかに心理的に変化をきたすものであるかという、だれでも青年期に通過せねばならぬ通路を心得ておくことも必要かと思うのである。

まず青年前期と言われる時期は、知的機能が大幅に発達する時期である。少年期には何の疑問もなく生活していたのに、急になぜかというような疑問が起こってくる。そして、自分の行動にも、筋道が通った論理性というものがなければならなくなってくるので、頭ごなしに押しつけられることがあると、これに対して反発する。

さらには批判的な傾向が発達してくる。生活苦の中で育った青年は、なぜ自分は経済的に恵まれないのかという原因を探求する。その結果、社会的・政治的関心を強く示すのも、批判的傾向の現れである。そして現実より高い世界への憧《あこが》れを生み出すために、哲学、芸術、あるいは宗教への道を求めてくる。

大概の場合には、現実に満足しなくても理想を求め、希望のうちに、より高い憧れに向かってゆく意欲的な行動力に富んだ時期なのであるが、すべてに合理的な論理性のそなわった態度を求めるあまり、頭ごなしに押しかぶせる態度に対しては強い反発を示し、時にはニヒルに陥る場合も決して少なくない。

次に、この青年期には、知的機能が発達するとともに、感情の生活も大きく変化する。年ごろの娘は箸《はし》がころげても笑うと言われるが、また次の瞬間には、非常に悲しんで、さめざめと泣いているという姿がよく見受けられる。

感情の激しさ、動揺が著しい時期だから、徹底的に喜ぶか、徹底的に泣くかというような場合が多い。感情の激しさにおぼれているときは、周囲がどのように言っても、ますます油を注ぐような結果になるので、周囲としては、感情の静まったときに、静かに反省させるという態度が大切であろう。

さらに、青年期には、自我の発見と社会生活の展開が特色である。

自分の能力が目覚ましく伸びることによって、精神的自我の主張が始まる。少年期には、親の言うことは至極立派なことと聞いていたのが、次第に批判的になり、自分の考えに基づいて自己主張をしがちになる。親の不用意な言動に対して反発し、自我を主張する場合に、親は親の権威が失われたように思って、子に圧迫を加えるということもある。また、社会に対する正しい目が開かれていないのに、ただ感情にまかせて暴走することがあるので、親は反省させる意味で子を叱《しか》ると、強い反抗を示す。そのため青年前期が第二反抗期と言われるゆえんでもある。

自我の主張は、必ずしも他に対して向けられるだけでなく、自己に対しても向けられる。それが、文学や詩や、芸術に表現される。時には自我の表現が通用する友を求める。青年前期には、時々、社会を否定したくなる。全くだれの干渉も受け入れない孤独の時期を持つ。しかしこの否定的な時期が過ぎると、本格的な社会生活が展開され、青年同士の集団生活を楽しむ。

こうした時期は、家族よりも、社会人の方に魅力を感じはじめ、親の手を離れたがる。これまで何でも外の出来事を話していたのに、全く外の出来事を話さなくなって、親は非常な不安を感じる。一般に「心理的離乳」と言われる現象である。

このような自我の発見と社会生活の展開を通しつつ、社会における自らの立場というような意識がはっきりして、社会生活に向かって自分の態度を確立してゆくのである。

親は、この時期に際しては、人格的に一人前として子供の自我を認め、子の心理的離乳を静かに見守らねばならない。

青年指導者は、青年の友として、心温かい指導を与えねばならない。

青年期のもう一つの特色は、性的傾向の現れであろう。

異性に出会っても知らぬ顔をしたり、時に反発したりする。性器、生殖に関心を持ち、性的欲求が強くなる。しかし性的な羞恥心《しゅうちしん》が強いので、欲求を抑え、さらに、青年の理想化的傾向から、異性への理想化・偶像化を求め、それが現実的な恋愛にまで発展する場合が多い。

最近は、マスコミが容易に性の問題を取り扱っているので、うまく利用すれば、かえって健全な性の知識を得ると思うが、しかし、親は何らかの機会に、異性を見る態度を正しく、美しく、そして時には間違った例などを指摘しながら導くべきである。

だいたい青年期の心理の傾向を概観したのであるが、信仰的に私たちは、いかに教えられているかを反省してみたい。

信仰の上から

いわゆる、少年期から青年期への移行年齢については、おさしづに基づけば、十五歳と示されているようである。

小人々々は十五才までは親の心通りの守護と聞かし、十五才以上は皆めん〳〵の心通りや。（明治二一・八・三〇）

とあるが、人間はだいたい十五歳ごろに至って、一応親の心から独立して、善悪価値の判別をなし得るのであろう。すなわち、人格の基底となるべき主体性が付与されると見るべきである。

この時期に至って、親は子に対していかに振る舞うべきであるかということが問題となる。

おふでさきによれば、

せんしよのいんねんよせてしうごふする
これハまつだいしかとをさまる　一 74

と示され、前生いんねんによって、親子・兄弟・夫婦などの人間関係が起きるのであるが、これはこの世において相対的な人間の目において意識される世界を、親神の摂理として感じる場合のことで、親神によって永遠に生かされる生命存在の源泉の上から言えば、

せかいぢういちれつわみなきよたいや
たにんとゆうわさらにないぞや　　　十三　43

とあるごとく、一れつは皆兄弟姉妹《きょうだい》であるという信仰に徹しなくてはならない。すなわち、相対的には、この世で、親や子や、夫や妻などと言っているが、絶対的にはみな、親神の子供であり、お互いは兄弟姉妹なのである。それが前生のいんねんによって、今生でそうした配置に摂理されているので、これは全く狂いない天の理によっているのである、と示される。

するならば、親は子の成長に伴って、年長たる兄姉に転化しなくてはならない。いわば自分と同等の資格において、親神に向かい合う兄弟姉妹の間柄である、という自覚に立たねばならない。

もちろん、信仰上における兄姉は、道徳上における兄姉であるわけでなく、また、子は道徳的な意味における弟妹でもない。

信仰的には、「一れつ兄弟姉妹」であるが、特に親子関係における兄姉観においては、自己の生命の延長としての子の、全面的運命の創造者としての自覚に立たねばならない。

このような信仰の立場に立てば、親は、子に対して権威をもって命令する代わりに、理解をもって相談にあずかるという立場になる。

このような仕方においてのみ、親心は新鮮な活力をもち続けることができ、親子の世代の相違が止揚せられ、統一がもたらされると思われる。

親が自己の代において果たし得なかった事柄が、子において実現される可能性を含み、子は親の存在を未来に向かって発展せしめるというような、うるわしい世代の統一が形成されるものと考えられる。

「縦の伝道」とは、まさにこのようなあり方における信仰の伝承であろう。

子から親へ

孝について

古来、親子の関係において最も多く説かれたのは、親の子に対するそれでなく、子から親に対する関係であった。

だから、「孝」というのは、親に孝行ということであって、子が親に対していかに振る舞うかということを規定したのが「孝」の道であった。

「孝」の本来の意義は、親子の相互の関係を言ったものと解されている。故に、親が子に対する慈愛も孝であり、親が子を勘当することは親の「不孝」であるとされている。

しかし、近代では、「孝」とは、「親への孝行」を意味するように用いられてきた。

その原因について、ある人は、日本の古い家族制度と結びついた結果と見ている。多くの場合、日本の両親は、自分の子供の独立性というものを容易に認めず、子供は、家長としての父に対する特別の尊敬と服従を要求されていて、親は子供をあたかも一種の投資の対象のように考えてきた。これは日本の社会の貧しさによるものであって、他を押しのけても立身出世しようとする、そういう生存競争の激しさから、自分の子供を無理にでも出世させようとの無理強いが、今までも随分行われてきた。それが両親の当然の権利であり、逆にまた、子供の側から、それが孝行であるというふうにみなされてきたのである、と考えている。

また、ある学者は、親子という人間関係をも「義理」という前近代的な約束ごとで説明しようとしている。

もちろん、現在の日本の社会構造は、資本主義経済の建前でありながら、なかば封建的な関係の名残を引きずってきているところから、現在の人間関係にも、近代的な面と、前近代的な面とが入り交じっている。そして近代化されていない要素を「義理」という概念でとらえ、近代的な人間関係の特色である権利と義務が、前近代的な「義理」と微妙にからみ合って人間関係を形作り、それが親子関係をも規定している、と考えている。

すなわち、日本語の「義理」という言葉はいろいろな意味をもっているが、「義」とは、各人が、自分の「あるべきよう」をわきまえて行動することであり、「義理」とは、義の道理である。だから、「義理」というのは、社会生活の中で、自分が他人に対して、どのような関係に立っており、どのように振る舞うべきであるかの約束であって、その約束は、権利の裏づけをもっていないのである。

「義理」は、親子の関係においても、昔から決められた約束として、理屈ぬきにそのまま、「あるべきよう」に振る舞うことが要求される。

常識的に、親子の間の「義理」は、親の恩愛に対する、子の孝心と孝行の形で現れる。この場合には、親子の愛情が、義理と結びついて、普通には、義理と「人情」が区別できないようになっている。

封建社会においては、子が親との情愛において自然に作り出す関係に加えて、家長に対する義理としての子の「あるべきよう」が加わってくる。人情を超えた義理のあるべきようが強ければ強いほど、孝行者として世間に評された。

ところが、同じ親子でも、義父母の関係、特に、農村の嫁・姑《しゅうとめ》の間では、義理が勝ってくるから、財産が多いとか家柄がよい場合は、親に対する奉公は当然だという考えが浮かび上がり、肉親の情愛とはよほど違ったものになってくる。

日本の家は、「親子の関係を主とし、家長を中心とする」から、欧米の「夫婦中心の集合体」とは違い、「孝道が重んぜられるのは当然のこと」と言われていた。と、このように義理の観念から、親子関係が結ばれたことを原因として、孝道があると言っている。いずれにもせよ、徳川期の儒教倫理が、親孝行としての孝の意義を拡大して、道徳原理とし、封建社会に結びつけた結果であろうが、しかし、そうした社会制度とか道徳の原理とかを超えて、人間としての本来的な存在のあり方の上に立って考えたとき、子から親への孝がもっとはっきり意義づけられないだろうか。

私はあえて、それを信仰の世界に求めようとするのである。

孝の自覚

おさしづに、

生まれた時は親は誰《たれ》やら彼やら分からんなれど、年限分かり掛けば、親という事が分かる。（明治三二・二・二四）

と示されているが、生まれてから幼時にかけての子にとって、親なくして親の認識はあり得ない。

もちろん、現実には、生後ただちに両親を失う子もある。しかし、そんな子といえども、祖父母、あるいは親戚《しんせき》、知人の手によって養育されるのであって、それらの人たちは「生みの親」でなくとも、「親代わり」あるいは「育ての親」として、十分「親」の資格を備えた者である。幼児の一切の存在が「親」の手にゆだねられていること、このことを実は幼児は自覚しないのである。

子のいかなる問題も、親にとっては、我が心を揺るがさずにはいない。子の苦しみは、より鋭く父母の胸をつく。にもかかわらず、子はこのことを自覚しないのみならず、長じて幼時の記憶を失ってしまう。「自分で大きくなったように」思ったり言ったりする。

親から幼時のことを聞いても、まるで他人ごとのような気がするものである。

子は親になって初めて親のありがたさが分かる。かねがね、親が自分を育てる上の苦労を聞かしてくれたが、その苦労とはこういう苦労であったのかと納得されるのは、自らが子を生み育てる立場になったときである。

このよにおやといふ理は、めん〳〵の親二人よりほかにある理はあらうまい、其《そ》のおやをはなれてどこでわが身がそだたうか、　（明治二四・一二・二八＝旧版）

と教えられるが、己の存在がいかに親の存在に依存しているかという重大な意義を、子はやがて自覚しなくてはならぬ。

この自覚が子としての自覚の初めであり、同時に「孝」の第一歩なのである。

この自覚の時期こそ、十五歳と限定されているように考えられる。

小人々々は十五才までは親の心通りの守護と聞かし、十五才以上は皆めん〳〵の心通りや。

（明治二一・八・三〇）

とお教えいただくところより思案される。

「孝の自覚の第一歩」が、このように、自覚以前の事柄の自覚であり、それは、自覚したときには既に恩を受けていたということの自覚、しかも、その恩は、自己がこの世に存在するか、あるいはし得ないかの重大な意味を担ったものである、というところに、「孝」が、親から子への関係よりも、子から親への関係として強調されねばならぬゆえんがあったものと思うのである。

世の中には、「頼みもせぬのに生んでおいて、恩にきせるな」と言う人もある。なるほど、人間は、自分の意志で生まれてくるのではない。芥川龍之介の「河童《かっぱ》」という小説に、父親河童が母親の胎内の児《こ》に生まれてくる意志を尋ね、その結果、子河童の意志によって出生を決めるというのがあるが、人間存在の不可思議な一面を揶揄《やゆ》したものと思われる。

確かに、人間は、自己の意志によってこの世に存在したのかといえば、決してそうではない。では両親の意志かといえば、そうでもない。あくまでそれは神秘な親神の御計らいによるということは、既に先述したところである。

そして親は、その子の言うように、恩にきせて育てたのではない。親子の情愛は、その子が幼児であればあるほど、人間的社会的な打算を超えて養育したはずである。

この親の恩を忘れ、かえって仇《あだ》に思うということは、子として最も大きな親不孝と言わぬわけにはゆかない。

> 親と成り子と成るは、いんねん事情から成りたもの。親を孝行せず、親という理忘れ、親に不孝すれば、今度の世は何になるとも分かり難ない〳〵。
>
> （明治四〇・四・九）

と、おさしづにお示しくださっている。

人間が、生まれ替わり出替わりして、親が子となり子が親となるのがいんねん事情である、とするならば、親不孝の理が来生いかな理に現れるかは、容易に気がつくはずである。

信頼と真実

子はやがて成長して世に出る。子の人格が成熟して親のひざ元を離れて「公人」となることは、親の今日まで養育した業績に対する報いであり、孝の完成である。

親に光を出すは、神の理やで。神の理外れたら、道とは言えん。

（明治三二・二・二一）

と仰せたまう。

親に光を出すとは、功利的な成功主義をさすのではないと思う。

封建道徳において、「身体髪膚これを父母に受く、敢《あ》えて毀傷《きしょう》せざるは孝の初めなり、身を立て世に出で名を後世に貽《のこ》すは孝の終わりなり」と言われたが、ここに用いられた「身を立て世に出で名を後世に貽す」とは、徳川期における町人根性によって浅薄化せられたとはいえ、功利的な成功主義の標語と堕している。しかし今日といえども、子に対する親の心情には、功利的成功主義がないとは言えない。

まさしく世に出で、社会人としての持ち場を得て、そこに生きがいを見いだし、自分の為している仕事を通し、社会に貢献している誇りと喜びが感じ取れるような、公人としてのあり方こそ、大切な子の道と言わねばならない。

そうした公人としてのあり方に終始するならば、おのずから名誉に値する業績を挙げ得るのである。

人は往々にして、虚名をもって誇りとしたがる。悪徳行為によって一時的に蓄財したり、あるいはマスコミの波に乗って名が宣伝されることをもって、人間の価値評価をしたがるものであるが、これらは往々にして、長続きしなかったり、あるいは思わぬ不名誉に傷つけられたりするものである。

親にとっては、子の成長は、同時に、己自らの存在の延長拡大であり、子の存在がより充溢《じゅういつ》し、より高く形成せられることは、同時に父母の存在を未来に向かって完成していくことになる。

こうしたあり方こそが「孝」のゆえんである。

こうしたあり方こそが「親に光を出す」あり方と言い得るのであろう。

このことはさらに、親子の間の「信頼」と「真実」の関係としてとらえることができる。

幼児は父母に対して絶対的な信頼をおいて養育されている。それに応《こた》える親の態度は、最も献身的な愛である。嘘《うそ》いつわりのない、真実まことと言われるもので、人間の心情において親が子に対する愛は最も至純なるものと言われている。

子の信頼に対する親の真実は、親子関係の上に典型的に表されている。

そして子が長ずるに及んで、この信頼と真実の関係は全く逆になる。

子の幼い間は、その可能性が信頼され、子が成長すれば、その現実性が信頼される。親は自分の全存在を集中して慈しんだ子が、己に背くだろうとは考えない。この親の信頼に対して応える子の真実が、まさに「孝」なのである。

「子が親の言うことをきかぬ」というのは、世の中の通例になっているが、これは、少年期であれば、親に甘えている姿と見ることもできる。しかし、青年期を過ぎてもなお、まじめに反省されなければ、真に親を裏切ったことになり、親を悲しませる。

青年期は、ちょうどこの移り変わりの時期で、子自身にも、甘えと裏切りの区別が判然としないのである。それだからこそ、青年に「孝」の道が強調されなければならぬ理由がある。

親子の道は相依関係である

をやという、子供という、子供十分さしてをやが楽しむ。子が成人してをやが大切、楽しみと楽しみと、という。世上治まりの理、

（明治二八・一一・一四）

このおさしづは、直接的には、肉親の親子関係を仰せられているのでなく、ぢばの理ををやとみたて、地方の一般教会をこどもとみて仰せられた教祖《おやさま》十年祭のおさしづであるが、しかし、親神と人間、ぢばと地方教会を、親と子の関係で仰せられ、これが、肉親の親子関係の原型として示されている上からするならば、このおさしづは、まさに親と子の相依関係を妙に言い表したもうていると思われる。

すなわち、親子の間柄において、子供が未成人のときに、子供が十分満足するように親は養育に力を尽くし、そのことが親の喜びであり楽しみなのである。

そして、子が成人したならば、親が大切と親のためにつとめ、親の喜びが子の楽しみであるように、親に孝行するのが世上が治まる基になるのである。こう仰せられている。

親に対する子の孝養が、戦後の日本社会に閑却されがちであるのは、恐らく、かつての道徳において、親の無責任なる養育は寛容され、ただ子に対してのみ厳格に孝が課せ

られたという印象が、かくさせたものと思われる。旧道徳の反動が「角ヲ矯《た》メテ牛ヲ殺ス」の愚をなさしめたものと思われる。

なるほど、私たちが少年期から青年期にかけて拳拳服膺《けんけんふくよう》した「教育ニ関スル勅語」には「爾《なんじ》臣民父母ニ孝ニ兄弟ニ友ニ夫婦相和シ」とある。したがって父母が子に対していかに振る舞うべきかの指示は示されていない。戦後の反動が、極端に権威に対する抵抗の形になったのも無理からぬことであった。

一つから皆兄弟集めたる。皆元から子供育てるは理なれど、元親から子供粗末にする者あれば、又子から親粗末にする。皆合わす理無き処から、心合わん処出ける。

（明治二八・六・七）

とあるが、親子不和の原因は双方の自覚なきところから出てくるのである。

親神が人間世界を創造したもうて、人間関係の根源には兄弟の理に創《はじ》めたまい、いんねん事情にて親子夫婦兄弟姉妹に寄せたもうたのである。そして、順序の上から言えば、親子ならば、親から子を育てるのが建前であって、子が親を粗末にするのは、親が子を粗末にしたからである。

しかし、いんねん事情聞き分けた子は、親を粗末にできないし、また、親のさんげ反省の道がなければならない。要は双方から合わせる心をもつことが大切である。しかし、双方がこれを要求し合っていては、いつまでたっても事態は好転しないのみならず、悪循環によって、悪いんねんはますます深くなる。

親がいかにあろうと、子が親不孝することは、子をして人間の道を外さしめることになる。そうすると、親は子に対して、孝を要求するというのでなく、子をして孝を行わしめるように仕向けることでなければならない。

また、世の中には、いわゆる親らしくない親も存在する。しかし、自覚せる子は、前生いんねんを悟って、親孝行につとめるであろう。かくしてこそ、親不孝のいんねんは切り替えられるのである。

かくのごとき相依関係なくしては、孝の道は真に実現されない。

孝の内容

孝の内容は、外形的に定まった行為の仕方としてあるのではない。

親の信頼に対する子の真実なのである。

だから、親の信頼のいかんによって、日常のあらゆる応対動作に現れるのであって、特に孝の行いとして独立にあるのではない。

親に安心させるとか、親を喜ばすこととか、孝行については種々に言われるのであるが、要は親の心境や態度に応じて、融通無碍《むげ》に己を表現する行為なのである。

たとえば、日常の行き届いた身の回りの世話取りや、やさしい言葉遣いに満足を示す親に対しては、このように仕えることが「孝」のあり方であろう。また逆に、子に奉仕することに満足を示す親ならば、あえて、親に世話を依頼することが「孝」のあり方であろう。もし親が子に対して、直接に親に奉仕するよりも、むしろ公共的な奉仕に身を尽くすことを要求しておれば、親への奉仕をなげうっても公に奉ずるのが孝の道であろう。

古来、「雪中の筍《たけのこ》掘り」とか「氷下の捕魚」とかが孝の見本のように語られたが、これは、子が自らを空《むな》しうして親に仕える態度を大げさに示したもので、そのまま倣《なら》い行うべき行為の仕方を規定したのではないはずである。

教祖《おやさま》は、「親に孝行は、銭金要らん。とかく、按摩《あんま》で堪能《たんのう》させ」(『稿本天理教教祖伝逸話篇』一五七「ええ手やなあ」)と仰せられたが、あんまが特に「孝」の行いとして独立にあるのではない。親によっては、あんまを欲しない親もある。

要は、日常の優しい心遣いから生まれる子の態度を指し示されたものと考えられる。

このように、「孝」の内容が形式的に定まったものでなく、親の態度に対する子としてのまごころの表現が「孝」の内容なのである。かく考えてみると、事情によっては、親に対する反抗さえもが、親に対するまことを尽くすゆえんとなり得る場合も考えられる。

特に親子の私的存在が宗教的に超克された場合に、しばしば起きる現象である。

この場合には、「安心させる」とか「喜ばす」ということの内容ではなく、信仰的にいかに「救《たす》ける」かという問題になってくる。

宗教生活と肉親の親子関係

親子関係における私と公

家族と一般社会とは、私と公との関係に対立する。家族における夫婦と親子は、まさに「私」でなければならない。

親子関係は、夫婦の関係のように、他人の参与を許さない隠された愛の結合ほど激しくはないが、しかし親子の情は「私情」である。

親は自分の子の苦しみを、他人の子の同様の苦しみよりもはるかに強く、また鋭敏に感ずる。子もまた己の親の苦しみを、他人の親の同様の苦しみよりもはるかに深く、また重大に感じる。

人は、通常、親子の間のことを、他の人々のことよりも先にし、また重要視するという点において、明らかに利己的である。

こうしたあり方は、まさに、親子の情が「私」であることを意味する。だから、より広い公共性の立場に立つとき、親子関係は、その私情を抑えて、「私」のことを後にしなければならないときが起きてくる。

こうした公私の区別は、古くから日本人の身に付けてきた習性でもある。戦時中における「滅私奉公」の精神は、「私」を殺す精神であった。

戦時中の流行歌の一節に、「生きて帰ると思うなよ、白木の箱が届いたら、でかした我が子天晴れと、お前の母はほめてやろ」というのがあるが、子の戦死を喜ぶはずもない母親が、人に対し、世間に対して、死んで帰れと言わねばならぬところに、私情と公の矛盾がひそんでいるのである。

公の立場は必ずしも、非常時における国家内存在の立場において言われるのではない。日本の社会においては、生活の随所に見いだすことができるのである。ある場合には、向こう三軒両隣を含めた「世間様」「世間体」をも「公」と言った。さらには「職場」あるいは「文化共同体」、学生たちにとっては「学校」も公の場であろう。

そうした「公」と「私」とが混同しないことが大切であると言われ、そうした区別において人倫が作られることが理想とされたのである。

信仰は「公」の場

私たちは、このような、公の立場の内にあるが、信仰によって、一つの生き方が与えられたとき、その宗教は私たちに大変強力な「公」の場を作るのである。

信仰によっては、一切の在来価値が転換する場合も多いし、その性格上、一切の私を無にして、神の言葉に服従するところにこそ、信仰の信仰たるゆえんが存するのである。私たちの信仰において、その信仰途上、だれしもがこの矛盾の底からはい上がった体験を持つと考えられる。

通常、我々は、この関係を「理と情との板挟み」という言葉で表現している。

「理」とは、より広い公共性の立場、換言すれば、親神が、一れつ人間に陽気ぐらしを望ませられる上から、教祖《おやさま》をやしろとして示された、たすけ一条の道であり、また、ひながたのをやとして示された実践の道である。

この教祖において示された実践の道は、まさしく「理」の世界であり、一般的にいえば「公」の世界なのであった。

そして「私」とは、我が身、我が家の安寧を願う私情の世界である。

元来、理の世界は、世界一れつ陽気ぐらしを目指すものであり、公私の対立を根底におくものではない。まして、私的存在として家族が、理の世界の埒外《らちがい》におかれるはずもないものである。にもかかわらず、家族が「情」の世界であるゆえんは、常に家族感情は、他に対して閉鎖的であり、排他的要素を持っているからである。さらには、社会内存在として、いかに世間体における生活の仕方に制約されているかを物語っている。

教祖の初期のひながたは、専ら、神一条の理の世界と、家族との対立における解決に向けられているようにさえ感じ取られる。

親子、夫婦共々に、この理の世界を理解し、共々に神一条の道に実践することにやぶさかでないならば、矛盾は止揚せられ、統一されるのであるが、現実には、相互の相違があり、また、人間は、己自身の心にこそ、この両面の矛盾に立たされているのである。

『稿本天理教教祖伝』において、教祖のお立場上難解と目される個所の一つに、教祖がご家族の情愛と神一条の理の相克に立たれるように、私たちに理解される場面がある。確かに、月日のやしろたるお立場においては、何故にかくも人間的な相克の場面に立ちたまうのか理解に苦しむものの、私たち人間の立場に目を向けるとき、このひながたあればこその喜びを感ぜぬわけにゆかぬ。

『稿本天理教教祖伝』において、教祖のご苦衷並びにご家族のご苦衷を左のように表現されている。

「或《あ》る時は、自らも白衣《びゃくい》を着し、教祖にも白衣を着せて、生家《さと》の兄弟衆も立合いの上、仏前に対座して、先《ま》ず念仏を唱え、憑《つ》きものならば早く退《の》け。と、刀を引き寄せて厳しく責め立てた。この時、親神のお言葉があって、この世の元初まりから、将来はどうなるという先の先迄《まで》説いて、ほんに狐《きつね》や狸《たぬき》の仕業ではない。真実の親神である、と、納得出来るように、懇々と諭された。善兵衞にとって、親神の思召《おぼしめし》は分らぬではなく、又かねてからの約束も思い出されて、一応は納得したもの、、中山家にとっては実に容易ならぬ事態である。

教祖は、月日のやしろとして尚《なお》も刻限々々に親神の思召を急込《せきこ》まれつつも、人間の姿を具《そな》え給《たも》うひながたの親として、自ら歩んで人生行路の苦難に処する道を示された。

或る時は宮池に、或る時は井戸に、身を投げようとされた事も幾度か。しかし、いよ〳〵となると、足はしやくばって、一歩も前に進まず、

『短気を出すやないく〳〵。』
と、親神の御声、内に聞えて、どうしても果せなかった」
（第三章「みちすがら」　三十〜三十一ページ）

ここに示されているように、信仰においては、家族的な私情は、公の立場に呑滅《どんめつ》されてしまう性格がある。

私情の超克

信仰の世界においては、それが広い公共性の立場である限り、親はその私情を抑えて、子のことを後にし、子もまたそうあるべきである。

自分のいんねんのみならず、親をも兄弟姉妹をも含めて、悪いんねんの内に沈泥し、これの打開を決心して、神一条の理の世界に生きんとする者、あるいはまた、人間性を超えて親神の御心の内に生かされることに人生の意義を打ち立てた者は、親の反対、あるいは子の反対に対しても、敢然と入り込むことが要請される。

イエスは母の我が名を呼ぶのを斥《しりぞ》けて「我が母とは誰ぞ」と反問したと伝えられ、釈迦もまた、仏法のために妻子を捨てたと言われる。

信仰生活に真剣に生きることが、いかにきびしいかを物語っている。しかし、このようにきびしい私的性格の放棄も、それを超克し切ったとき、親子共に無限の喜びの中にひたることができるのである。

天理教東本大教会の初代・中川よし姉に育てられた中川光之助氏は、中沢隼人氏との対談において次のように述懐している。

「それはね、東本の青年会の発会式の時だったと思うが、その時、僕が子供時代の事を話した。ところが次から次へと思い出して涙が出てね。思い出さないと話が出来んし、話をすると語るも涙、聞くも涙さ。……おふくろが単独布教の時、僕を背中に負い、あっちの軒下で立ったまま夜を明かしたり、公園のベンチで寝たりして、六十日間というものは、僕は水ばかりだったという事だが、栄養学的にゼロに近い僕がこの健康体だから、全く親神様は有難いよ」

と、また、

「昔の先生方は豪《えら》かったんだね。それほどいためつけられた僕を人々は純心な人だといってくれるが、よく世の中には親が余りいためつけたから天理教が嫌になったとかいって道からはなれていく人もある様だが、どんなに苛《いじ》められ、惨めにさせられても、親が本当に真剣な道を通っておれば純心な信仰を持つ子に成人していく、これは僕で実証出来るよ」
(『みちのとも』昭和三十一年七月号参照)

天理教信仰者の子弟にして、中川氏に代表される信仰を身に付けた人は枚挙にいとまがないと思われる。

かくて、親子関係の私的性格が止揚せられたとき、我が子も、他人の子も、隔意なき状況が現れてくる。「人を見たら子供とおもえ、親の心になりてくれ」(口伝)という立場が現出するのであろう。

このように、親子関係が、より広い公共性の立場に立ったからといって、全く肉親の親子の存在理念が失われるというのであってはならない。

教祖は、全世界のをやでありつつ、またご自身の御子の母として、御子を公共性の立場に立つよう仕向けられた。

そのひながたは、秀司様、こかん様の上に最も鮮明に示されている。

我々は、より広い理の世界、公の世界に立つことによって、より完全な肉親の親子関係の実現の道が開かれることを、教祖のひながた、また、先人の足跡に見いだすことができる。

それは自分が親の立場であろうと、子の立場であろうと。

Ⅱ 結婚

恋愛と結婚の問題

男と女

私たちは人間である。地球上に約六十億の人間が住んでいるのであるが、この人間が、人間でありつつ、最も極端に相対する異質の相手として向かい合うのは、男と女である。人間はこの世に生まれた限り、必ず男か女である。

これほど宿命的な人間の相異はなかろう。人間は、男か女かは生まれた限り、通常その性を変更することはできない。そして私たちは既に、日常の生活において、男女の区別をいろんな形で表している。

たとえば、子供が生まれたとき、まず男女の性別を確認する。そして性の別を表すように名前を付けるのである。

しつけや、教育においても、性の別が意識されている言葉や、服装に、あるいは立ち居振る舞いに、人は男か女かに仕立てられてゆく。

このようにして出来上がった人は、常に男か女であって、その別を超越することはできない。

男女の同権あるいは平等が主張せられるということは、それ自体、すでに男女の性別に立脚しているのである。

「女松《めまつ》、男松《おまつ》の隔てなし」と、私たちの教祖が仰せられたということは、当時の封建社会における男尊女卑の通念の否定であった。従って、人間として、男女の尊卑の差別のないことを仰せられたもので、男女の性の無区別を仰せたものではない。人間は、男だから、女だからといって、人間の価値に差別があるわけではない。

元来、人間は人の間である。多数の人の間にあって、多数の人にかかわりながら、人は個人となる。そして「私」という個人は、実は多数にあって複雑に相対している。父親に対しては子であり、子に対しては親であり、妻に対して夫であり、兄に対して弟であり、学生からは教師である、という具合に、一個人の私が、相対する相手において、種々の面をもって向き合っている。

これは各個人個人のあり方、立場において、それぞれ異なる面があるわけだけれども、その対立の最も一般的なものは、男女の両性であると言ってよい。この対立から外れる人は一人もない。

世に男だけの世界、女だけの世界は存在しない。そして人間の存在は、男女の対立において、常に合一に動き、二において一となるという動きを示している。

洋の東西を問わず、人類の知恵が文化を自覚しはじめたとき、既に見いだしたものは、常に男女両性の問題であった。

このように見てくると、性の別は、人類の根源の約束事であって、単なる自然現象と見ることはできない。

男女の性愛

男女が、常に合一に動き、二において一つになるという動きを示すのは、いかなる理由によるのであろうか。

ある人は、自然的な性衝動によるのである、と考えている。

男と女を結びつける性の衝動は、動物の雄と雌とを結びつける衝動と変わりないというのである。

しかし、通常、人はこの意見に賛同はしない。

もちろん、人間に性本能がないとは言えない。しかし、人間の男女が合一に動き、二において一つになるというのは、ただ単なる性本能によるものでは決してない。

動物と人間の生活には、現れた結果を見れば共通するものが多い。動物の雄と雌が子供を産み、親は身を挺《てい》しても我が子を外敵から守る。それは人間の親子の情愛に共通するものである。そこで人は、軽々しく、動物について語ると同じ本能の名をもって、人間の生活を説明したがる。これはよほど注意せねばならぬことである。

雁《がん》の列や蜂《はち》の巣がどんなに立派でも、それは結果としてそうなので、はじめからそのつもりで（先見）、そうしようとして（意志）のことでなく、すべては本能である。しかし人間は、本能によって社会を営むのではない。もし人間が、動物的本能によって社会を営むならば、人間の社会は、蟻《あり》や蜂の巣のように、千万年の昔も今も、少しの進歩もないはずである。

動物の場合は、個体個体の肉体的な相似を継承するにとどまって、種族全体の発展は足踏みしているのに対して、人間の場合は、意志の自由をもって、常に発展を志向している。

いわば、動物の雌雄が結ばれ、子を産む本能は、動物の肉体に判で押したように同一に働く機械的な習慣であり、人間の場合は、決して機械的な運動ではなく、常に相手の人格の個性を選択し愛するという「愛」において起こるものである。

人が性にめざめ、異性を意識するときには、異性を強度に美化して体験するのが通常である。女性に天使を見、男性に英雄を見るというのが、少年少女の夢である。このときに、単なる自然本能、自然衝動としての性を見いだすことはできない。異性を求めるのは、男性か女性の人格を求めるのであって、単に肉体を求めるということではない。人格的に愛するというのは、相手に対して尊敬の念をもって接することである。

男女の性愛は、まず人格に対する愛において出発する。

恋　愛

男女の性愛がまず、人格に対する愛において出発するのであるが、その第一の特色は、人格に対する愛は、自然的な性本能によるものではないが、しかし必ずしも、肉体と無関係ではないということ。第二の特色は、異性一般に対する愛というものではなく、特定の個性を愛するということ。この二つに見いだすことができる。

まず第一の特色として、人格に対する愛が、必ずしも肉体と無関係でないことを見てみよう。

古来から、人間を精神と肉体の合体とみる見方がある。それを別々に取り上げてしまっては、人間とは言えないので、私たちは、肉体の動き、すなわち身振りや表情に、精神内容の表現を見ているのである。

その人の些《さ》細《さい》な肉体の動きに、相手の生殺がかかるという場合だってある。就職口を頼みに行った相手が、首を縦に振るか横に振るかによって、その人の運命は大幅に変わってしまう。

すなわち、行為の主体の表現が肉体に表れるのであって、世に肉体を離れた精神だけの人はなく、精神を離れた肉体だけの人もない。心に何か感ずるとき、肉体はすでにその心を表現している。

たとえば、喜びを感じてほほ笑むということは、喜びの体験の中に肉体が含まれており、それがほほ笑むという肉体の運動に発展するのである。「喜びに心がおどる」という表現は、肉体と心を切りはなすことのできない性格が含まれていると見なければならない。

かく見れば、恋愛の根底に心を表す「形」がなければならない。男女の形が、男性的女性的であることによって、無限の引力を持つのである。愛する者の「顔」は、単なる肉体などではなく、そこに相手の人格があり、心霊があり、情緒があり、また個性がある。

顔が情緒を表すように、全身もまた情緒を表し得る。顔に気品があり得るように、身体にもまた気品があり得る。

してみれば、肉体全体は精神の座である。しかもそれは、肉体であることには違いないのである。そうして、その点が、男女関係の愛においては、欠くことのできない重大な契機であり、恋愛の根底に流れるものである。

第二の問題である恋愛の個性愛について述べておこう。

男性美、あるいは女性美の形が恋愛の契機になることを知ったが、男か女であればだれでもよいというような一般的な男性美、女性美を愛するということは、日常これを恋愛とは言わない。

恋愛は、男女がそれぞれの肉体において「形」は有していても、その形は、特定の個性の表現であり、他と代えることのできない、ただ一人に対する個性的人格を愛することである。

一般的な男性美、女性美が表現され、それが無限の魅力を有し、一般に「美」の対象として取り上げられるのは芸術の仕事であって、直接的に恋愛と同一ではない。

あくまでも恋愛は、男女双方の自発的な意志や感情に基づく個性への選択性を持つものである。

恋愛の危険性

恋愛の現象は、民族の相違、文化の相違にかかわらず、止《や》むことがない。

今日のテレビ、映画、文学が恋愛を外してはその価値を失ってしまうのではないかとさえ思われる。

題材は総じて、恋愛に対する障害や、恋愛の虚偽による悲劇などが描かれ、連続物の恋愛悲劇の物語をテレビで観て、紅涙をしぼることを一日の日課にしている有閑夫人もあると聞く。

恋愛は、いつでも、だれにでもうまく達成できるものであるなら、それほど人々の関心を集めることもないと思う。いわばそれが、悲劇性が伴わないとき、人々の関心を向けるのに十分ではないのである。何らかの欠如態を描くことによって、かえって恋愛たるゆえんを感じさせるように思われる。そして、それにもかかわらず、恋愛は、最も普遍的に人間生活を支配しているようにさえ思われるのである。

この普遍的な現象が、他方において、仏教やキリスト教、あるいは他の宗教からも、人間の主要な煩悩あるいは堕落として取り扱われている。本教においても、恋愛は「色情のいんねん」と断定する信仰者もある。

仏教において、恋愛は、あらゆる争闘や苦患の源であるから、解脱《げだつ》の道を志す者は、恋愛を離れなくてはならぬとされ、また、旧約聖書においては、人間の原罪は、アダムとイブの性的関係に始まり、この罪を購《あがな》うために十字架についたイエスは、処女マリアから生まれ、また自ら童貞であったとされている。

かく、宗教の世界において恋愛が否定されるべき理由は、一体どこにあるのであろうか。

それは、一つには、恋愛は、男女が愛において、心身の全体をもって互いに参与し合うとき、第三者のいかなる参与も厳密に拒むということが起きる。それは徹底的な私的な性格と言ってよい。

昔から「恋は盲目」と言われているが、恋愛における二人は、第三者の一切の参与に対し、全く盲目となって理性を失ってしまうことを言ったものであろう。愛する男女が、恋愛のために、親も、兄弟も友人も、時には社会的な立場さえも放棄するということが起きてくる。

親は、子供の将来に対して、子供にふさわしい相手を配偶者と定めたいのであるが、親と子との間の意見が合わずに衝突するという場合も、世の中に非常に多い事例である。

近代社会においては、本人同士の意見は大幅に採りあげられねばならぬようになったが、前世紀における日本社会においては、本人の意志とは無関係に、家と家との間において取り決められた配偶者に甘んじねばならぬ場合が非常に多かった。このような社会における恋愛は、それを本人たちの意志だけで成立させることは、ほとんど不可能であり、そこに恋愛の悲劇が描かれ、成さんとして成し能《あた》わざる恋愛の願望と悲劇の共感が、大衆の胸を打って、文学や、歌舞伎の発達を促した。

現代においては、前世紀の悲劇性は次第に影をひそめたけれども、それでも、日本の家族制度においては、全く失われてしまったというものではない。

家と家との格の問題、教養や社会的な立場の相違、あるいは血統や、国別の問題など、第三者の参与が、何らかの抵抗をもって迫る事柄は、今なお残存している。

しかし、そうした種類の事柄は、二人がその参与を拒み続けるとき、その恋愛の存続が、前世紀のように不可能に陥る社会ではない。かつては、二人はこの世に存在することも許されなかった。それが「心中」の悲劇を作り出したのである。

むしろ、今日の悲劇性は、恋愛における第三者の参与が不可能でないという場合の悲劇性であろう。世に三角関係という現象がこれである。

この第三者の参与は、恋愛の共同存在を根底から覆すほどの力を持っている。

これは、ただ単なる二人の間柄が崩壊するというにとどまらず、社会的犯罪をも引き起こす原因となる。

旧約聖書の「ソロモンの歌」の中に「恋は死の如《ごと》く、妬心《としん》は残酷なること墓の如し」とあるが、恋愛の悲劇性の極を歌ったものと思われる。

こうした恋愛の側面に着目したとき、男女の愛における共同存在は、広い人間の愛を妨げ、人の客観的な創造活動を阻害するものとして、ただ排斥されるほかはなく、さらには、二人の愛は、その愛が熱烈であればあるほど、一度第三者が二人のすき間に入り込んだとき、単なる崩壊ですまされぬ、排他と憎悪に変わる性格を内に蔵していることを考えれば、宗教の宗祖が、世の平和と安心立命を望まんとしたとき、恋愛の作り出す悲劇性を罪悪と見なしたことは、当然のことと言わねばならない。

しかしながら、恋愛が、このような危険を蔵しながら、人間の世に決してなくならなかったのは、男女の関係が、男女の対立において、自他不二的に働く人間の根源的な動きに根ざすものであり、男女の道は、いわば人倫の道として定められねばならぬからであろう。

男性は男性の本性を有し、女性は女性の本性を有し、両者はそれぞれの性の上に立ちながら、性の相対性を超え、普遍的な人間の人格に発展しようとする。

両者は、相互の相対的な性の相違をお互いに補い合って調和するという要求の上に立って、人格性の完成に向かわんとするのである。

ところで、男女の愛は、必ずしも純粋な人格の上に立って生まれるとは限らない。

人間は常に、神と動物の境に立っていると言われる。純粋、崇高な人格の上に立って愛する愛もあれば、時には、自然的、身体的な衝動を含む愛もある。

もし、恋愛が、性の自然的な姿のままに行われるとき、ともすれば、社会悪の根源を作るものである。

それに引き換え、恋愛が人格的な愛であった場合、たとえその恋愛が失恋に終わろうとも、二人の人格、人間性の成長の上に大きな役割を果たすことは人のよく知るところである。

そこで、恋愛が、単なる人生の偶然の現象として、善悪の批判の対象になるということを避けるために、男女の愛を、人倫の道として、人間が当然踏み行うべきあり方として定めてきた道が夫婦の道である。

しかし、この男女の愛が生《なま》のままに行われるときは、私たちは、それがいかに人格愛のごとくに見えても、人倫の道とは呼べない。

男女の愛を人倫の道と規定するもの、これこそ夫婦の道にほかならない。

恋愛と結婚

男女の性愛が夫婦の間柄となったときに、初めて人倫の道として成立するということは、なぜであろうか。

申すまでもなく、人倫の道とは、人として当然踏み行うべき人の道の謂《いい》にほかならない。

同じ男女の性愛でありながら、恋愛と夫婦というほんのわずかの呼び方の相違によって、かくも判然と人倫の道と言われるか言われないかの相違が起きるのである。それは一体何によるのであろうか。

先述したように、恋愛が男女の性愛として第三者の参与を許さぬものでありながら、実はその閉鎖性の故をもって排他的とならざるを得ないことは、その一つであろう。

人間存在はただ単なる性の結合のみにとどまらない。その間に、親子・兄弟などの血の結合もある。あるいは、経済的、文化的にそれぞれの結合の相違を持っている。しかも、それらが別々の形で存在するのでなくして、互いに交錯している。そのために、性的結合が、他の結合から許されぬ場合も起きてくるのである。

この場合、性的な二人共同体は成立し難くなる。

その最も極端な例は、インドにおける「カースト」の制度であろう。共通の名称で結合された家族的、種族的、職業的集団は、二千から三千の集団に区別され、それらの集団においては、絶対に異集団との恋愛あるいは結婚は認められていない。

もちろん、このような社会階級制度は、社会発達の大障壁となっていることは事実であっても、その改革運動は、従来全く不成功に終わっているように思われる。

日本の社会においては、かつての社会下におけるほど、性的結合の社会的制約はなくなったにしても、それは皆無になったというのではなくて、やはり強力に働きかけていることは、各人が認めているところである。

このように、男女の性的結合が、社会的な制約のもとにあるにもかかわらず、この男女の二人共同体が成立するためには、社会の他の結合体からの許容がなければならない。そして、たとえ第三者がこの特殊な二人だけの愛の間に入り込みたくても、その二人の間に入り込めないような心遣いが、世間の側になければならない。

いわば、その二人に対しては、世間の「控え目」がなければならないし、また、積極的な意味において、この二人に対する理解と援助がなければならない。だから、恋愛においても、そうした世間の理解と援助が伴い、また、家族の同意があって結婚を前提としたときには、人倫の道に準ずるべきあり方として、社会はある程度容認している。

この理解と援助によって、男女の性愛が人倫の道として踏み行うべきところの「婚姻」が成り立つ。「結婚」という世間の公認において男女は夫婦となる。

この世間の公認の儀式、あるいは法律的な手続きによって、一般に社会的に定まった男女の存在共同のあり方が行われる。

ここにおいて、男女は初めて、人倫的な男女関係に入るとされる。

男女の性的共同存在が、人倫的な夫婦の間柄になるためには「結婚」という社会の「制度」が必要なわけである。私たちは「結婚」という社会の「制度」が容認して、初めて夫婦という性的共同体の人倫が見いだされるとしているのであるが、果たして、これによって事は終わったのであろうか。

制度と愛の矛盾

男女の性的共同存在が、人倫的な夫婦の間柄となるためには「婚姻」という社会の

「制度」が必要なわけであるが、しかし制度的な婚姻によってのみ、男女の性的共同体が成り立つとは考えられない。

確かに「婚姻」さえすれば、男女の二人は夫婦として、形式的に人倫の道に入るのであるが、しかし、この夫婦共同体は破滅になる場合がある。すなわち「離婚」という現象である。

あるいはまた「自由結婚」という名の示すように、社会の公認を経ることなく、二人の合意により性的共同体に入る場合もある。

「離婚」は、二人の愛情において、正しき人倫の道とは言われていないし、「自由結婚」は、社会の公認という点において、共に正しき人倫の道とは言われない。

正しき人倫の道としての夫婦は、二人の愛情と社会の公認の双方の下に確立されるのである。その意味で恋愛が時に、二人の勝手な愛のみによる男女の性愛として、むしろ人倫の欠如体として理解されることは意味のないことではない。とともに「政略結婚」「強制結婚」「奪略結婚」などが、相互の愛の面を欠くものとして、人倫を成り立たしめないことも当然である。

現在の社会においては、二人の愛情のない結婚は、人道上好ましくないという風潮が一般であるので、ほとんど後者の悲劇性は影をひそめたかの感がある。そして、現在は、いかにささやかな結婚式であっても、例えば、当人たち二人だけの結婚式であっても、法律的な手続きさえすれば、二人は夫婦となるのである。

それに引き換え、現在的な悲劇性は、恋愛を媒介として結婚をしながら、その結婚生活の破綻《はたん》になることが非常に多いことである。

そこで、その原因の一つとして、今日的な意味においては、恋愛も結婚もただ一回的な崇高厳粛なる意味合いを離れて、もっとその場的な軽い意味合いに受け取られているかのように思われる。

もう一つの原因は、男女二人の相互参与を重んずるの余り、第三者の配慮をないがしろにすることが多いということである。

これは、日本社会において、本人の意志を無視して縁談が取り決められる風潮のあったことに対する反動なのかもしれない。

従来、日本の民法では、家族の婚姻には、戸主の同意を要するほか、男は三十歳、女は二十五歳に達するまでは、父母の同意を必要としたが、改正民法（昭和二十二年公布）では、かような他の同意を要することなく、成年以上の男女は、相互の合意だけで、届け出により、婚姻が有効に成立することになっている。

従来の家族生活に関する法制の特色は、家の観念を中心とする家族制度にあった。すなわち、わが国の民法は、必ず家をなすものと考え、身分関係において、人は夫婦または親子であるより、まず家長たる地位にある戸主か、または、戸主権に服従する家の構成者、すなわち家族であるとして、戸主および家族について、まず規定し、その規定の上に立って、夫婦・親子の関係について規定していた。そのため、家のために、個人の人格が軽視されたり、無視されたりする弊があった。しかも、それが社会一般となると、それに反する者は、事実上、「人非人」として、生存が不可能になる場合があった。

日本国憲法は、第二十四条「婚姻は、両性の合意のみに基づいて成立し、夫婦が同等の権利を有することを基本として、相互の協力により、維持されなければならない」と規定している。

「婚姻は、両性の合意のみに基づいて成立」することは、男女の愛が、人間の権利として勝利を得たことであり、輝かしい愛情の謳歌《おうか》でもあった。

しかし、ひとたび「夫婦が同等の権利を有することを基本として、相互の協力により、維持されなければならない」という義務づけに着目したとき、一時的にはそれが誓われながら、その後においてその責任が果たされないという例が実に多く見いだされた。

従って第三の原因として、新しき民主憲法に対して、人間の権利においては喜び迎えられながら、その義務の面においての教育は十分になされなかったがためと思われる。

そしてまた、第四の理由として、現在の日本の経済社会においては、結婚適齢期において、二人の愛情のみにおいては生活できぬ場合も多いであろう。

さらに、第五の理由は、恋愛と夫婦愛の本質的な相違の理解ができていないためでもあろう。

現在において、恋愛と結婚は、種々の面で矛盾をはらんでいると見なければならない。

そしてさらに、現実の婚姻のあり方に目を着けたとき、成年以上の男女において、相互の合意だけで届け出により、婚姻が成立することに民法では規定しても、果たして、周囲の祝福なしに結婚する場合があるであろうか。

必ずしも、ないと断言できないが、よほどの場合を除いてはあり得ないことであろう。

第三者の悪しき参与や、好ましくない干渉は排されるとしても、第三者の好ましき祝福と援助を得てこそ、この二人の将来は輝かしき光を受けるものと考えられるのである。

こうした「結婚」、いわゆる「縁談」をめぐって神意はいかにあるのであろうか。

結婚、縁談のおさしづ

おさしづによる結婚、縁談事情の問題について教えられるところは、その方法に重点があるようには思われない。すなわち、一般には、見合い結婚、あるいは恋愛結婚の呼び方でなされるのが普通であるが、そのいずれでなければならないという規定はない。

見合い結婚は、その動機において、仲介者の推薦を信頼し、見合うことによって、相互の納得が前提となるものであり、恋愛結婚は、直接的に相互の恋愛納得が前提となるものである。

昔は、見合いのとき、畳を見、声を聞いただけで、相手の顔も見なかったということを聞くが、現在においては、そんな例は稀《まれ》であろう。

むしろ交際の時間が与えられる場合においては、恋愛結婚の場合と大差ない状態となる。

だから、あえて申すならば、よりよき見合い結婚は、周囲の理解から自然に導かれるという意味において、理想的と見なければならない。

そして恋愛も、結婚を前提とし、十分、周囲の理解と援助のもとになされるならば、それは見合い結婚における交際の期間と同様に見なすことができる。

かくのごとく、その方法においては、人それぞれによって持論の是非があろうが、おさしづにおいては、いかな方法で結ばれようとも一言にして言えば「前生のいんねんによって結ばれる」という結論になる。

> 縁談というは、そう難しいようなものやない。一人があれと言うた処《ところ》が行くものやない。あれとこれと心寄り合うがいんねん、いんねんなら両方から寄り合《お》うてこうと言う。いんねんがありゃこそ、これまで縁談一条皆治まって居る。
>
> （明治二七・九・二一）

と示されているように、本人同士であろうと、周囲の配慮であろうと、双方から心が寄り合うから、縁談が成り立ち、その心の寄り合いこそいんねんであると仰せられている。いわば、縁談は、前生のいんねんによって結ばれると見なければならない。

> 縁談一条というものは、これよう聞かねば分からん。心一つ話というは、前々に生《うま》れ更《か》わりも、諭したる処〳〵、
>
> （明治二一・一一・九）

と示されるゆえんである。

現実においては、縁談事情において、本人同士の心が結ばれても、親たちの賛同が得られぬという場合もあるし、また逆に、親たちの意志は進んでいるのに、本人同士が合わぬという場合も多い。こうした場合の縁談が、理想のものと言えないのは当然のことである。

しかし、簡単に意見の相違があるから、その縁談は理にかなわぬと速断すべきでなく、よく話し合い、尋ね合う努力は、相互になされなくてはならない。

そうした努力によって、最初は得心できなかった縁談も、次第に得心できて、うまく治まる場合も多い。

縁談というは十分に尋ね、あちらも尋ね銘々尋ね、それ〳〵尋ね、皆《み》んな真の心治まり、どうしていつ〳〵まで心治まれば縁と言う。（明治二六・六・一二）

と、心を寄せ合う努力が大切であることを仰せられている。

筆者の経験においても、親の薦めに応じぬ本人たちが、親たちのたゆまぬ努力によって結ばれ、稀に見る幸せを得た場合もあれば、また、親の許さぬ恋愛関係が、本人たちの真剣な努力によって、ついに許され結ばれたという場合もある。

要は、皆の心が十分に治まることが第一義であって、親からの強制、義理体裁に基づくものや、地位財産目あてのもの、本人たちの一人決め、あるいは、気ままな気持ちからの縁談は、いずれも治まるものではない。

一人があれと言うた処が行くものやない。（明治二七・九・二一）

寄せ寄せでは生涯の理とは思われまい。（明治二四・四・二九）

と仰せられている。

縁談事情が、もつれたままで行われるとき、最初はいかにもうまくいったように思われても、将来必ず、もつれの理が現れることは、信仰体験の深い先人からもよく聞かされるところである。

Ⅲ 夫婦

夫婦の問題

人倫の道としての夫婦

男女の間柄が、いかに深い間柄であっても、それが、友愛や恋愛の間柄である限り、人倫の道と言うことはできない。

むしろ、友愛や恋愛が、たった一人ずつの男女の間柄である限り、その間柄が深ければ深いほど、人倫から遠ざかるものであるとされる。

それが、ひとたび夫婦の間柄となったとき、明らかに人倫の道として示される。人倫の道とは、人間として当然あるべき道のことで、人間が人間としてある、本当のあり方と言うことができる。

それに対して、恋愛は、同じ男女の愛であっても人倫とは呼べないので、時にはかえって人倫の欠如態としての意味さえ担うものである。

同じように、男女の愛でありながら、夫婦は人倫の道と呼ばれ、恋愛は、人倫の欠如態と呼ばれるゆえんは、どこにあるのであろうか。

前節においては、私は、恋愛と夫婦の異質的な意味合いについて、主に、婚姻という社会上の制度、手続きの問題に触れたが、ここでは、その愛の内容の問題に着眼したい。

もちろん、夫婦の愛も、恋愛も、人格的な愛には変わりはないであろう。

しかし、その愛のあり方は、おのずから恋愛と夫婦愛とは異なるはずである。

この「愛」の問題について、従来、最もすぐれた見解を示した、ギリシャ人の「愛」の認識を手がかりにしてみよう。

ギリシャ人は、人間の「愛」の根源的なるものとして三つの段階を試みた。

すなわち、一つは、エピテューミア（epithumia）であり、二つはエロース（eros）であり、三つはアガペー（agape）である。

エピテューミアは、相手を物と見、自己の欲求、享楽の具と見る段階である。いわば獣的自然的である。二人は共に生活していても、相手を単なる雌雄の間柄と見るのであるから、厳密な意味の人格的な「愛」と呼ぶことはできない。

男と女とを結びつける性の衝動は、動物の雄と雌とを結びつける衝動と変わりないという見方からすれば、人間にエピテューミア的な愛が存在しないとは絶対的には言い切れないのであって、悲惨な性犯罪の陰に、こうした人間でありつつ非人間的な愛の形態があるのであって、これを全然否定し切れるものではない。

第二段階のエロースは、本来、性愛を意味した。それはすぐれた人間関係であり、人間を対象とする愛であった。

この場合、相手は、自我からは、眺めるものとして成り立つものである。しかし、この場合の自我に対するものは、単なる肉体的欲求または、物欲の対象ではなくて、人間の中にあるイデア的観念的な存在として成り立つのである。

具体的に言えば、相手の美しさ、雄々しさ、優雅さなどの何らかの資格や品位が、あるいは、主義思想が自我と共同になりたいと願う相手なのである。

だから、「ひと」の間に成り立つといっても、この場合、根底においては、客観的な「もの」に対するものであると言える。

エピテューミアが獣的自然的であるのに対して、エロースは、特に人間的文化的であると言われるゆえんである。

すなわち、エロースは、真善美の価値に向かうのであって、究極的には、価値を自分のものにしたいという欲求の上に成り立っている。

だから、エロースの公式は「我は汝《なんじ》を汝がかくあるが故に愛する」ということになる。

考えてみれば恋愛が、相手の何らかの価値において起こらぬ場合があるであろうか。男から見て、相手の女の容姿、性格、教養、あるいは自らに対する配慮のいかんにおいて成り立つのは当然であり、また、女から見て、相手の男の男らしさ、あるいは生活態度等の価値に向けられるのは、実はエロース的であると言われる。

自らの欠如した欲求を満たさんとするところにエロースのエロースたるゆえんがある。しかし、人間の欲求は、それが充足されたとき、実は空《むな》しき空虚さにさらされるか、あるいは、さらにより高き価値を願わんとする本来性を担っている。

相手の持っているものをすべて奪い尽くした後に、さらに、より高きものに向かう人間のあり方にこそ、恋愛の悲劇性がひそんでいることを知るべきである。

古来、恋愛が世間から悲しき非難を背負わされたのも、実は、このようなエロースの価値的愛の自己矛盾性の体験からでもあった。

第三段階のアガペーについてであるが、アガペーは、エロースが人間的、文化的、あるいは芸術的、哲学的な愛であるのに対して、アガペーは、人格的、宗教的な愛であると考えられている。キリスト教が、神の愛について、このアガペーの愛を採用したのも、アガペーが愛の究極のものと信じたからである。

エロースとアガペーの相違について、注目すべき種々の点が考えられるが、いま私たちが必要とする二、三の点について述べるならば、まず、エロースが、自然的または価値的であるのに対して、アガペーが超価値的または人格的であるということである。アガペーの世界は、その対象が価値あるが故に愛するのではなくて、一個の人格なるが故に愛するのである。価値あるものもなきものも、共に人格として愛されるのである。

ここでは、味方のみならず、敵でさえも愛の対象となるのである。

先に、エロースの公式を「我は汝を汝がかくあるが故に愛する」と規定したが、アガペーの公式は「我は汝がそこに存するが故に愛する」ということになる。

いわば、エロースが自己実現を（すなわち自分のために）原則としたのに反して、アガペーは「他者規定」「他者実現」（すなわち相手のために）を原理とする。

恋愛がエロースにおいて起こり得るものであって、相互の自己実現に向かうものであることに着目したが、夫婦の愛は、これと全く類を異にするアガペーの世界の愛とならねばならぬのである。

夫婦愛は、「夫は妻が妻らしくあるが故に愛する」という公式ではなくて、「夫は妻がそこに存するが故に愛する」のでなくてはならない。

夫婦の道が人倫の道としてあるあり方は、先に述べた、婚姻という「世界」の制度的なもののみならず、かえって、その内容的な「愛」の本質に見いだされねばならぬと思われる。

愛の現実性

夫婦愛を、アガペーの愛において見てきたわけであるが、しかしながら、現実を顧みるとき、このような絶対的とも思われる愛が、果たして可能なのであろうか。

人間の理性の世界においては、あくまで要請としてとどまるのであって、現実に期待することは、ほとんど不可能というほかはない。

他の社会悪が、この夫婦愛の欠如においてかもし出されることは、現実に余りにも多い。

特に子供を育てる場合の夫婦のあり方は、いかに子供に多くの問題を投げかけることであろうか。青少年の犯罪の陰には、必ず、夫婦の問題がからみついている。

社会の改善は、ただ、単なる人類愛というごときものによって解決できるとは考えられない。社会の基体としての、男女の性愛――夫婦――の愛において解決されねばならぬことを痛感する。

自らの夫を奪い、しかも自分をも殺さんとした女をも許して、夫を愛した若き日の教祖《おやさま》の夫婦愛は、単なる人間の常識において可能なることでなく、感情的な打算的な人間の世界を超えて、神仏の世界に生きる信仰的精神において初めて可能なことであると考えねばならない。そうした愛のみが、夫婦の愛の危機に際しても、よくこれを乗り越え、現実の世界を浄化するものと考えるのである。

しかし、こうした精神は、単なる合理的な知恵をもって解決しようとする小ざかしい人間智から生まれるものではない。

あるいは、単なる道徳的な啓蒙によって、よく成し得るものでもない。

この絶対者は、人間の知恵の及ばない徹底的に超越者でなければならない。したがって、人間的存在とは全く類を異にする絶対的なる神でなければならない。

私たちは、この神を、親神の内に見いだし、親神の啓示のもとに改めて探求しなおしてみようと試みるのである。

天理教における夫婦の立場

今や私たちは、夫婦の問題について、人間性の立場における解決を放棄し、真実なる実在の神・親神の啓示のもとに探求の希望を見いだしたのである。

さて「夫婦」が人間創造の当初において定められた人倫の道であることは「啓示」の言葉に示された判然たる事実であり、このことは、他宗教において容易に見いだせぬ特殊な本教独自の教理によるのである。

すなわち、みかぐらうたの第二節に、

ちよとはなしかみのいふこときいてくれ　あしきのことはいはんでな
このよのぢいとてんとをかたどりて　ふうふをこしらへきたるでな
これハこのよのはじめだし　なむてんりわうのみこと

と示されている。

これは、夫婦が人間の根源の姿において創《はじ》められていることを仰せたもうている。

人間の創造が夫婦としてあるべきように創造されているのである。

そして、その創造は、天地の理に象《かたど》って定められているのである。天地のあるべき理を象ったのが夫婦の人倫であることを了解するならば、天地の理とは一体いかなるものであるのか、ということを、私たちは、親神のお言葉のうちから知らなければならない。

そこで、私たちは、まず「ぢいとてんとをかたどりて」と仰せたまう「かたどる」（象る）という意味について考えてみよう。

おふでさきにおいて、

　このよふのぢいと天とハぢつのをや
　それよりでけたにんけんである　　十　54

とか、

　たん／＼となに事にてもこのよふわ
　神のからだやしやんしてみよ　　三　40・135

とか仰せられるおうたを拝するが、天地が実の親であり、この世が親神の身体《からだ》と仰せたまうことと併せ考えるとき、私たちが信仰する親神の「啓示」の言葉の特性を理解することができる。

すなわち、天地自然界の形が、そのまま身体的に夫婦の形そのものでないことは明らかである。いわば形そのものにおいて示される性格が象られていることでなければならない。

したがってシンボル（象徴）として語られていることである。この世、天地自然界が親神の身体と示され、その天地の理に象って人間の夫婦が創造されたということは、私たち人間が、精神と肉体との主体的な存在であり、肉体を通して、自分の内心を表現し、その主体的働きを示すように、親神は天地自然界を通して、その御心の御働きを表現したまうものである。

人間の肉体そのものを人間と言えないように、天地自然界も、それ自体を親神と見ることはできない。天地自然界に現れる親神の御心の納得をこそ汲み取らねばならない。「象る」とは、形において示される性格であり、その人格的な御心のシンボルである。シンボルとはすべてこのようなものであり、形を通して形のないものを表す形である。それは形そのものではなく、形に即して形を超えた意味を表すものである。「夫婦」としてのあるべき原理が「天地」の形を通して示されるのであるが、その天地の形を通して示される原理を基として創造されていることを理解するのである。

「象る」とは、二つのものが、その間にある共通点を持っていて、しかも両者は等しきものでないという意味を持っている。

同じものであれば象るとは言わず、無関係なものであれば比較もできない。

すなわち、いかに天地に象って夫婦が創《つく》られたとはいえ、人間はあくまで人間であって神ではない。

しかし「象った」と仰せたまう限り、私たちは、親神の啓示を受けて、自分の心に親神の御思いを実現する可能性を与えられていることを銘記しなければならない。

したがって、私たちは、天地がほかならず、親神の御思いによって営まれていることを知るならば、夫婦の理を知るために、まず天地に象徴的に表される親神の御思いを察知することが先決の問題と思われる。

この親神が天地に象徴的に示される夫婦の理は、「元の理」において具体的に語られていると思うのである。

「元の理」とは、我々の信仰対象である親神天理王命が、人間の陽気ぐらしを見たい上から、天保九年十月二十六日、教祖をやしろとしてこの世の表に現れ出られた奇《く》しきいんねんと、たすけ一条の道として教えられたかぐらづとめやさづけの理を、人々によく納得させようとして明かされた、人間創造並びに生成のお働きを、教祖御自ら御口を通して語られた説話や、御自ら筆にされたおふでさきに拝することができる。その要点は、『天理教教典』第三章「元の理」に簡明にまとめられている。

みかぐらうたに、天地の理を象って夫婦の理をこしらえたと抽象的に語られるところを銘記しつつ、具体的な夫婦の理合いを「元の理」を通して究明することにしたい。

元の理の展開

親神が、人間の創造に際して、まず人間を夫婦として創造されようとする意図が明らかに示される。

それを『天理教教典』第三章「元の理」によって、数段階に分けて考察してみよう。

まず、第一段階においては、

「この世の元初《もとはじま》りは、どろ海であつた。月日親神は、この混沌たる様を味気なく思召《おぼしめ》し、人間を造り、その陽気ぐらしをするのを見て、ともに楽しもうと思いつかれた」

と示されている。

すなわち、第一段階においては、人間創造の目的が陽気ぐらしであることが明示されている。

第二段階においては、

「そこで、どろ海中を見澄まされると、沢山《たくさん》のどぢよの中に、うをとみとが混《まじ》つている。夫婦の雛型《ひながた》にしようと、先《ま》ずこれを引き寄せ、その一すじ心なるを見澄ました上、最初に産みおろす子数の年限が経つたなら、宿し込みのいんねんある元のやしきに連れ帰り、神として拝をさせようと約束し、承知をさせて貰《もら》い受けられた」

と、人間創造の第一の意図が、夫婦を造ることにあったことが明かされている。

第三段階は、

「続いて、乾《いぬい》の方からしやちを、巽《たつみ》の方からかめを呼び寄せ、これ又《また》、承知をさせて貰い受け、食べてその心味《こころあじわい》を試し、その性《しょう》を見定めて、これ等を男一の道具、及び、骨つっぱりの道具、又、女一の道具、及び、皮つなぎの道具とし、夫々《それぞれ》をうをとみとに仕込み、男、女の雛型と定められた。いざなぎのみこと、いざなみのみこととは、この男雛型・種《たね》、女雛型・苗代《なわしろ》の理に授けられた神名であり、月よみのみ

こと　くにさづちのみこととは、夫々、この道具の理に授けられた神名である」
と示され、男女の性別が明らかにされるのである。

第四段階は、

「更《さら》に、東の方からうなぎを、坤《ひつじさる》の方からかれいを、西の方からくろぐつなを、艮《うしとら》の方からふぐを、次々と引き寄せ、これにも又、承知をさせて貰い受け、食べてその心味を試された。そして夫々、飲み食い出入り、息吹き分け、引き出し、切る道具と定め、その理に、くもよみのみこと　かしこねのみこと　をふとのべのみこと　たいしよく天のみこととの神名を授けられた」

と示されている。この第四段階は、人間身の内の機能の、働きの守護が示されているのである。

第五段階は、

「かくて、雛型と道具が定《さだま》り、いよいよここに、人間を創造されることとなつた。そこで先ず、親神は、どろ海中のどぢよを皆食べて、その心根を味《あじわ》い、これを人間のたねとされた。そして、月様は、いざなぎのみことの体内に、日様は、いざなみのみことの体内に入り込んで、人間創造の守護を教え、三日三夜《かよさ》の間に、九億九万九千九百九十九人の子数を、「いざなみのみことの胎内に宿し込まれた」と示されている。

すなわち第五段階においては、男・女両性の雛型に月様、日様がそれぞれ入り込まれて、夫婦の道を教え込まれる段階になるのである。

以上の五段階において、一応、人間創造の当初における意匠を知ることができる。すなわち、

第一段階は、人間創造の目的について。
第二段階は、人間創造の意図が、まず夫婦の創造にあること。
第三段階は、人間創造をまず、男女の両性に創造されること。
第四段階は、人間の機能の創造について。
第五段階は、夫婦の創造。

という順序になっている。

私たちは、この「元の理」の順序に従いつつ、夫婦の理が、いかなる親神の御思惑によって創造されているかの詳細について考察を進めてみようと思う。

人生の目的

人間の創造された目的が、陽気ぐらしであることが、第一段階のお話として示されているが、いかなる意味合いが含まれているのであろうか。

こふき話（教祖のお話を書き記した、人間元初まりの書物。中山正善著『こふきの研究』参照）十六年本によれば、

人げん《間》をこしらゑ《拵》、そのうゑせかい《上世界》をこしらゑ《拵》て、しゆごふ《守護》をさせば、にんげん《人間》わちよほ《重宝》なるもの《者》で、よふきゆうさん《陽気遊山》を見て、そのたなにごと《他何事》もみ《見》られることとそふだん《相談》さだ《定》まり、……

とある。

ここに示される最も重要な要点は、親神が創造しようと思召《おぼしめ》した人間は、神が人間の自由の心に入り込んで守護すれば、陽気ぐらしを楽しむことのできる人間であるということである。

それは決して、親神の機械として行動する人間ではなくて、人間の自意識行為、すなわち自由の心に、親神が、それにふさわしく働きかける、まさに神と人間とが相対して、

人格的な和楽を目的として創造されたということである。

一言にして言えば、親神と人間は、をやと子の関係として、お互いに話し合い、主体的に親密な心の通い合う間柄として創造されているのである。

親神にとってみれば、話し相手もなく、守護して喜んでくれる相手もないことは、混沌たる味気なさであると思召したもうたようである。

人間の、陽気ぐらしのできる要素は、このように、親神の御思いとの交わりにおけるものであるから、人間勝手の心遣いによって陽気ぐらしの世になるものでないことが銘記されなければならない。

夫婦の雛型《ひながた》としてのうをとみ

第二段階においては、人間の創造の最初に、まずうをとみが見いだされて、夫婦の雛型にしようと思召したことが示されている。

人間は元々、男と女と全く質の違う、二つの型として創造されているのである。そして人間一般という同種的な意味では、どぢよが人間の種《たね》として示されていることによって理解できる。

　このよふのはぢまりだしハとろのうみ
　そのなかよりもどぢよばかりや　四　122
　このどぢよなにの事やとをもている
　これにんげんのたねであるそや　四　123

と、おふでさきに明らかである。

　どぢよは泥の中にあって泥に交《まじ》わらぬ魚である。その特性であることが、人間の種と仰せたまうゆえんであり、人間も悪の中にあって悪に交わらぬもの、として創造されている。

　このように、どぢよが人間のたねと仰せられるのは、人間は男であっても、女であっても、人間そのものとしては同類であり、差別のないことのご教示と思われる。

　その中から、うをとみが見いだされるのである。すなわち、同種でありながら異質的な面の御思惑がみられる。こふき話十六年本によれば、

　この《此》にんげん《人間》をこしらゑる《拵》にわ、たね《種》・なわろ《苗代》がいる《要》に、とふくひなかた《道具雛型》なくは《ば》いかんこと《事》ゆゑ《故》、とふぐひなかた《道具雛型》をみだす《見出》ること。みすま《見澄》せば、ぎぎよとゆう《云》うをが

いる。……また《又》みすま《見澄》せば、みいとゆう《云》しろぐつなか《が》いる。

と示されている。

しかし、このうをとみが、男性か女性かは、まだ分からぬのであり、将来の可能性としての異質性で、その形において、また、その肌の色においてわずかに異質的な面がうかがわれる。うをとみとが夫婦の雛型になるためには、その異質性が、一層明確にされねばならぬ親神の御配慮があった。

その段階にいたるまで、うをとみがとりあえず親神様に見いだされたゆえんについて考えておこう。

うをとみの外面性と内面性

まず、外面性についてであるが、私たちは、魚と蛇に、ある種の形態の相違を見いだすことができる。こふき話十六年本には、うをについては「此《この》うをわ人ぎよともゆう《云》魚、人げん《間》のか《顔》をで、うろこ《鱗》なし。はた《肌》は人げん《間》のはた《肌》」、みについては「いま《今》人げん《間》のはだ《肌》にて、うろこ《鱗》なし」と書かれている。

人間の創造に当たって、親神はまず「顔」において人間創造の意匠を確認したもうたということは、意義深いことと考えられる。

元来、人間の心は、人間の身体を通して表現されるのであるが、その表現は、首から下の表現に比べて、顔面の表情はより高きものと考えられている。身振り手振りに比べて、表情は、より人間的なものと思われるのである。人の人たるゆえんは、すぐれて顔面の表情において見いだされるのであり、私たちは顔において人間性の如実の姿をとらえることができる。

英語の人格 personality の語源であるラテン語のペルソナが面《めん》を意味したことは、示唆深いものがある。「面」とは役者がそれを顔につけるものである。これは、人間の人格が、顔において象徴されるからであろう。

肌がまた、他の動物と異なって人間を特色づけることは、民族の種別を白色人種、黄色人種、黒色人種というように分けていることによってもうかがい知られる。

このように、親神が、人間創造において、外面的な意図を顔と肌に見いだされたことは、まさに意義深いことである。

特に、顔に人格を見いだすとき、人格とは主体と主体が交わるとき人格たるゆえんがあるのであって、親神の語りかけに、主体的に受け答える能力として創造されていることが理解できる。

次にうをとみの内面性についてであるが、こふき話十六年本には、「この弐人とも、こゝろ《心》わまふすぐ《真直》で、しよじき《正直》なるもの《者》、こすがた《此姿》、こゝろ《心》をみ《見》て」とあり、また、こふき話十四年本には、うをについて「それゆへ《故》ににんぎよ《人魚》とゆう《云》うをなるぞ　みすま《見澄》すところひとすじ《一条》なるの　こゝろ《心》み《見》てしよち《承知》をさしてもらい《貰》うけ《受》……」と仰せられ、また、みについては「そのこゝろ《心》まあすぐ《真直》なるをみさゞめ《見定》て……」とある。

すなわち、心が真っすぐで一筋に正しいということである。

それは親神が、人間の自由の心を足場として守護したまうための、根本の素地として認められたからに違いない。一すじ心とは、わき目もふらぬ、貫き通す心である。

わき目もふらぬ貫き通す心、これこそ人間創造と、陽気ぐらし実現のための最も必要な素地ではあるまいか。

親神が、人間完成に守護したまうとき、人間としてあることに挫折する心であったり、あるいはまた、人間完成を変更したりする心であってはならない。

人間としての立場にわき目もふらず貫き通す心でなければならない。

このわき目もふらず貫き通す心の象徴として示されたのが「真っすぐなる一すじ心」であったと思われる。

以上のような、内面性、外面性をうをとみの中から選び出されたことは、人種の別、性別を問わず、一般的な人間の根源的な素地として、創造の当初に定められた人間の運命的とも申すべき根源の性格であった。

男女性別の付与

第三段階においては、このうをとみとが、それぞれ男性、女性の性別を与えられる段階である。

この性別が与えられるということは、人間の「生み」への前段階であろうが、このことは、人間創造の必須の要件として人間が創造されていることを物語っている。

『天理教教典』第三章「元の理」には、

「乾《いぬい》の方からしやちを、巽《たつみ》の方からかめを呼び寄せ、これ又《また》、承知をさせて貰《もら》い受け、食べてその心味《こころあじわい》を試し、その性《しょう》を見定めて、これ等を男一の道具、及び、骨つ

っぱりの道具、又、女一の道具、及び、皮つなぎの道具とし、夫々《それぞれ》をうをとみとに

仕込み、男、女の雛型《ひながた》と定められた」

とあるように、しやちをうをに仕込み、かめをみに仕込まれることによって初めて、人間の男女の性別が判然と定められた。

人間存在において、人は多数の人の間にあって、多数の人にかかわりながら個人となる。その個人は多数にあって複雑に相対している。その対立の最も一般的なものが男女の両性であるということは前述したところであるが、これは人間創造の根源において発源していることは、今や「元の理」において明らかになったのである。

では男女両性の根源的な性格は何であろうか。これを端的に示されたのは、こふき話十六年本に、しやちについては「しやちほこゆう《云》をわいきをい《勢》つよく《強》、へん《変》にしやくばるもの《者》……」、かめについては「この《此》もの《者》わかわ《皮》つよく《強》、たおれ《倒》め《ぬ》もの《者》で《で》あるゆゑ《故》に……」とある。

すなわち、要約していえば、しやちは「勢い強くつっぱる心」であり、かめは「踏ん張りのきくつなぐ心」であろう。

この性格は、まさに男性、女性の二大原理の性格を物語るものであり、男女の根源的

な性格の相違と見なければならない。

もちろん、この二つの性格が、それぞれ別々の形において行われるものとは考えられない。前者は後者によって、後者は前者によって、その性格の特性を遺憾なく発揮するという相即的な関係においてなされるものであろう。

つっぱる勢いに対して、踏ん張って受け堪えるものがなければならない。それぞれは、それぞれ個々の姿においては価値を有しない。

「男は柱石や、女は台や」（口伝）とは端的にこの辺の事情を表明したまうものと解する。

この男女両性が互いに牽引《けんいん》し合うところに、男女の真の価値が発揮され、人間性の真の姿が発露するとすれば、人間存在において、男女が性において結ばれる合一は、まさに人倫の道として、創造主に定められた人間の本来的な実存に根源を持つものと認めぬわけにゆかない。

「元の理」による男女の性格は、人間の二重性として、これ以上大なるものはないであろう。この二重性は一面、相対的、対立的である。

男性の「勢い強くつっぱる」性格と、女性の「踏ん張りのきくつなぐ」性格は、共に対立的な性格である。すなわち、男性は行動的・能動的であり、女性は受容的・所動的である。あるいは、男性は独立的であり、女性は反応的である。あるいはまた、男性は理知的・合理的であり、女性は感性的・非合理的であると言われる。

また、女性の質料的に対して、男性が形相的であると言われる。これらの特性は「元の理」に示される男女の二大性格に十分察知できるとともに、端的に表現できない男女の特性を示唆深く指示されるものであろう。

人間の補足性について

男女両性の根源的な性格は、対立的な二重性格として表されているが、また、この対立的な二重性はさらに補足性として現れている。

補足性とは、補い合うという関係である。

この補足性は、一つには男女両性の補足性であり、他の一つは、男女をとわず人間一般における補足性である。

私たちは、まず人間一般の補足性について眺めてみよう。

この点については「元の理」の展開において述べた、第四段階に該当するのである。

この段階は直接的に、夫婦の問題とは関係はない。

ここでは、人間身の内の機能として示される道具の御働きを通して考察されるのである。

『天理教教典』第四章「天理王命」において示される、身の内守護の機能は、

くもよみのみこと　人間身の内の飲み食い出入り、世界では水気上げ下げの守護の理。

かしこねのみこと　人間身の内の息吹き分け、世界では風の守護の理。

たいしよく天のみこと　出産の時、親と子の胎縁を切り、出直《でなおし》の時、息を引きとる世話、世界では切ること一切の守護の理。

をふとのべのみこと　出産の時、親の胎内から子を引き出す世話、世界では引き出し一切の守護の理。

と示されている。

こふき話によれば、「飲み食い出入りとして鰻《うなぎ》」「息吹き分け、風として鰈《かれい》」「立毛《りゅうけ》引き出しとして黒蛇《くろぐつな》」「生死の時の縁切りとして鰒《ふぐ》」というように象徴的に記されている。

さらにこれらの機能の理は、すべて男性女性の象徴において示されているのである。

すなわち、くもよみのみことは女性、かしこねのみことは男性、たいしよく天のみことは女性、をふとのべのみことは男性である。

しかし、この四つの機能が、いわゆる、男女両性の内にのみ、それぞれ仕組まれて相対立するというのではない。いわば、人間一般の機能や性格における相対の意味を、男女の両性の象徴として示されている点を注意せねばならない。

人間は元来、男性は男性にのみ特殊な性格を有し、女性は女性にのみ特殊な性格を有して、互いに相交わることは絶対にないというのではなく、男性も女性の心情を有し、女性も男性の心情を有することは人のよく知るところである。

道具として示される四つの神名は、そのままでは、人間の機能として親神より付与されたものであると理解できるのであるが、それが、男女の両性において示されるとき、人間一般の心の働きとして性格心情の一面と見ることもできるであろう。

従って四つの機能に示される働きは、また、人間一般の内在的性格の相対的なるものとして理解される。

しかもそれは、常に補足的である。この補足性の円滑に行われるとき、人間は人格的に円満として理解されるであろう。

この円満を端的に、人間の道として教祖《おやさま》は「かとう、やらこう、やらこう、かとう」（口伝）と、剛柔の補足性において示されている。

あえて、四つの機能を人間の心情の面に敷衍《ふえん》したとき、

くもよみ　他を理解し融合する心情
かしこね　言葉の使い分け
たいしよく天　切る理、善悪また真実不真実の見分け
をふとのべ　他を引き出し生かす心情

というような理になるのではなかろうか。

これらの心情が補足的に働くとき、円満な人格が形成されると思われる。

しかし、この円満は、人間をして、同一の人格とするという意味ではない。

人間は男性か女性かであると同時に、性別を超え、性の自然の次元を超えた個人である。この個人が、人間として個人でありつつ、男女の両性に創造されている。

性の次元を超えた個人が、補足的に円満でありつつ、男女両性の個性において補足的であろうとするあり方こそ、男女両性の「愛」であると見ることができる。

私たちは、人間の円満な人格を願いつつ、さらに高次の人格に進まんとして、その契

機を男女の「愛」に見いだしたのであるが、この男女の人格的な愛が、補足的に働きつつ、人倫の道となるためには、親神は、人間を男か女かどちらかに創造されつつ夫婦の道に導かれることを知るのである。

うをとみが男性と女性に創造され、さらに夫婦になされるためには、いかなる道があったのであろうか。

夫婦雛型《ひながた》の創造

私たちは、いよいよ「元の理の展開」における第五段階の、夫婦雛型の創造に到達したのである。

『天理教教典』第三章「元の理」によれば、

「かくて、雛型と道具が定《さだま》り、いよいよここに、人間を創造されることとなった」

とある。

いわば、うをとみにおいて、男雛型、女雛型を定めたまい、人間としての道具機能も付与したもうて、これらを種・苗代として、人間を創造せしめられるということになる。

具体的には、うをとみをして子を産ましめたまうという段階である。

さらに、

「月様は、いざなぎのみことの体内に、日様は、いざなみのみことの体内に入り込んで、人間創造の守護を教え」

とある。

すなわち、うをとみとに月日が入り込みたもうたことが示されているのである。うをとみとに月日が入り込んだとは、うをとみに最初、しやちとかめが参与せしめられて相対の男女の雛型が整ったその上に、月日がそれぞれに入り込まれることによって、相互が補足的に結合せられるべき原理を端的に示されたもので、この補足的結合こそ、うをとみが夫婦に結ばれる理と考えられるのである。

ここに夫婦が誕生することは、月日の媒介によって起こり得るという重要な意義が納得される。

「夫婦」が親神様によって結ばれるということは、人間の夫婦が親神の二大原理性によって支えられねばならないということを物語っている。

結合と補足が、共に親神の理に支えられるところに、人間の「夫婦」の存在のあり方があることは、以上の点においても納得されるものと思われる。

夫婦の人倫性

「夫婦」の結合と補足性が、親神によって支えられているということの具体的なるものは、一体いかなることなのだろうか。

親神は、うをとみとを夫婦の雛型にしようと引き寄せられたが、その基礎になる心情は「一すじ心」であった。

私たちは、この「一すじ心」の中に、人間の夫婦結合の原理を見いださねばならない。一すじ心とは、わき目もふらぬ貫き通す心であるが、この一すじ心の中に、一夫一婦の原理を見いだす。

一人の男性と一人の女性の結合こそ一すじ心であり、もし、一夫多妻、多夫一妻の間柄があるとすれば、それは一すじ心とは言われない。童貞と貞操が「夫婦」の間柄において重要な役割を果たすことは、人間の根源の理において、親神に支えられた意義を有するものとして把捉《はそく》しなければならない。

また、うをとみが、日本古来の観念から、清浄神聖なものとみなされたことを考えると、夫婦は清浄神聖な間柄でなければならない。

おさしづにおいても、夫婦の一すじ心が強調され、

夫婦の中、人を見るやない、聞くやない。（明治二四・一一・八）

夫婦の中の事情、世上という、世界という理が映ればどうもならん。（明治三〇・七・一九）

と示される。

夫婦のそうした存在のあり方を覚悟しない縁談は、親神の意に添わぬこともまた、おさしづに示されている。

縁談という、どうしてこうしてと言う。もう十分と思うた処《ところ》が十分成るものやない。又《また》半端と思うても成る事もある。どうやこうやと人間心で分からせん。分からんから、順序追うてさしづと言うて運ぶのやろ。何か順序諭し置こう。さあ事情運んだ処、成っても成らいでも将来の理、皆心に治まるなら、さあ〳〵何時なりと許そ〳〵、……皆、将来の理に結んであれど、心の理添わさんようではならん。順序運んでそれから治まるなら、夫婦の中にも苦情無いもの。（明治三九・一〇・一〇）

と明示したもうているが、縁談が決して人間の予断を満たすものではないが、最も重大なことは、将来瓦解《がかい》しない夫婦の結合を約束せねばならぬことを仰せたもうている。

この縁談事情において、将来、瓦解しない夫婦にするために、種々と心を砕き、手を尽くす、いわゆる、順序の理を運べと仰せたもうているが、その順序は、二人の真の心に結ぶ理があればよい、と仰せたもうている。

夫婦中一つの理、今日一日に心定め。……一日の日より生涯の心を定めてみよ。

（明治三〇・七・七）

と、結婚の日の心を生涯の心と定めることの大切なことを仰せられている。

もちろん縁談事情には、その間に、親、兄弟姉妹、親族の関係もあって、難しい事情もあろうが、結論的には、生涯一すじ心で結ばれる心の定めが最も大切な角目《かどめ》と拝される。

夫婦の道

夫婦が、以上のような深い親神の思召《おぼしめし》によって創造され、人間の根源的な人倫の道と定められることを理解すれば、夫婦の道が何であるかも明らかになる。

その第一の問題は夫婦の補足性であると考えられる。この補足性は、言葉を換えて言えば、夫婦の和合ということになり、また、たすけ合いにもなる。

この夫婦の和合は、あくまで夫婦の和合であって、一般的な人間の和とはその性質が違うのである。

夫婦の和合は、厳密に夫婦の間のみのことであり、この和合の仕方は、徹底的な相互参与であるとともに、徹底的に第三者の参与を排斥するものである。

夫婦の間柄には、第三者の入り込むスキは厳密に閉鎖されていなければならない。

こふき話十六年本に、「なむ《南無》とゆう《云》わふう《夫》婦のことなり」とあるが、南無とは梵語《ぼんご》のNamas（音字）で、帰命を意味するといわれる。帰は帰る趣向、命は自身の性命として自身の身命を尽くして仏に帰向するを言うとなし、あるいは、帰は敬順、命は仏の教命なりとなして、仏の教命を敬い奉ずるものとなし、あるいは己の身命（命根）をその本原に帰する（還る）を言うとするものである。要するに一つの意義から転じた他者への帰依を意味するものと言われる。

すなわち夫婦においては、絶対帰依の間に双方の南無の実現があるというのであろう。

そこに予想されるものは、夫婦の間の「真実」「貞操」などが示されたものであろう。ギリシャ語のアガペーが「他者規定」「他者実現」という、ただ二人の間にのみ起こる人格的な愛であることを前述したが、夫婦の和合が、このアガペー的な愛において実現されなくてはならないことに思い至る。

夫との間に妻以外の女性が参与し、妻との間に夫以外の男性が参与するとき、夫婦の間の和合が破壊されることは言うまでもない。

このような夫婦の和合が、他の人間同士の和合と区別して考えられなければならない原因は、夫婦の間のみに顕《あら》わであって、第三者には隠された秘密でなければならないのである。

これが夫婦共同体の閉鎖性であり、この閉鎖性の故に、夫婦の愛は権威をもつ。夫婦の和合に権威をもたらす閉鎖性こそ、夫婦の間の貞操であろう。

心も身体も共に委《ゆだ》ね合うことによって、夫婦が余すところなく参与し合い、他の三者の参与を許さないのが夫婦の貞操である。

身体的交渉が、単なる物体の接触でなく、人格的存在の全面的参与なるがために、男女が夫婦以外の身体的交渉をもつ限り、そこに厳密なる意味の夫婦二人共同体は実現しない。

一時的過失であったとしても、そこに肉体的接触の痕跡にとどまらない精神的な痕跡は滅し去ることができず、人間実在の深部において、それらの夫婦は不幸を宿している。いま仮に、救いの道があるとすれば、信仰的な精神以外に道はないであろう。

この貞操の観念は、妻のみに限らない。夫も共に貞操でなければならない。

世界一般の通念において、ともすれば、妻の貞操のみ要求し、夫の貞操が軽んぜられる風潮があったが、それは妻が、夫を中心とする家族的存在の限界において貞操を保持するのに対し、夫が、家族的存在を超えた広い世間における持ち場を守る上の公共的な操なるがためであろう。

かといって、男同士の付き合いという言葉で、夫の貞操が乱されてよい理由は一つもない。夫婦の道の、本来的な意義の上からいって、夫の貞操も厳密に守られなければならない。

こうした夫婦の貞操は、既に、未婚の青年男女の間から守られていなければならない。未婚の青年男女が、結婚以前に身体的交渉があった場合、結婚後には既にその夫婦の間には、第三者の参与を許した結果になることを銘記しなければならぬ。

彼らは厳密なる意味において、完全なる夫婦共同体を実現することはできない。このように見てくると、現実の社会において、厳密な意味における、清浄潔白な人間は、甚だ数少ないように思われる。

では、これらの人たちは、既に親神から見捨てられたのかという問題になるが、これらの問題については、むしろ、これらの人たちのためにこそ救済があることを知りつつ、あえて人間の理想の面の探究に進まねばならない。

積み重ねてきた人類の数多くの悪いんねんの宿業を、いかにして切り替えるかの問題については、後日の問題として取り上げたい。

おさしづに見る夫婦の道

夫婦の間の補足性について、おさしづに拝する要点を見ておこう。

夫婦の中より一つという。あちら見るこちら見る、どうであろう、こうであろうか、言うまでや。さしづするまでや。あちら言えば又こちらという。あちらこう、こちらこう、見分け聞き分け、扶《たす》けやい〳〵。

（明治二五・二・一三）

と示されるように、世の中の治まりは、夫婦の間が一つに治まることが大切であり、世間のあちこちに現れている種々の問題を参考にしつつ、お互いにたすけ合いをしてゆかねばならぬ意を示されている。

また、

まあ夫婦心に喜び満足供えにゃならん。（明治三二・一二・二四）

とあるが、夫婦の間においては、自分の満足のために相手に求めるのではなくて、双方がいかに心に喜び満足を与え合わなければならぬかが説かれる。

「他者規定」「他者実現」とはそうしたあり方である。双方が共に、相手の存在の実現に向かい、あるいは、自己の存在が相手のためにこそある、相手の目的のために己があえて手段となることをいとわぬ、というあり方が、親神の意に添う道として規定されている。

そのためには、さらに、

重荷を人に持たせぬよう、重荷めん〳〵持って扶け合い。……重荷という、重荷は、めん〳〵が持ってするは、これ神の望みである。（明治三三・一〇・二六）

と、双方が、重荷を自分が持つという覚悟が大切であることを示される。

こうした点は、夫婦の補足性の重要なる点を示されているのである。しかし現実の夫婦が、それぞれに、同じ方向、同じあり方に向かっているときは納得しやすいが、夫婦は一体と言われつつも、実際にはその性情、生活の仕方には区別があって、その区別の理解、納得がなければ、その補足性がつかみにくいうらみもある。

夫婦の中、男というは胸の広く持って構わん。女というは心の小さい、思わく小さい心持って苦にする。（明治二六・六・七）

と、性情の相違区別を示されている。

夫婦の間において、夫は心が広く、日常の些事《さじ》をあまり気にせぬのに対し、妻は日常的な事柄に細心の注意を向けるものであるという、夫婦間の代表的な性情の相違について述べられている。

そこにおのずから、夫婦の道において、夫の道、妻の道が考えられなくてはならぬ根拠がある。

こふき話十六年本に、「ふう《夫》婦とわ、てんとち《天地》をかた《象》どりて婦《夫》う婦はじめた《事》となり」とあり、また、天地とは月日の理とも教えられる。すなわち、天――月――くにとこたちのみこと――と表れる理が夫の理、地――日――をもたりのみこと――に表れる理が妻の理と理解される。

夫の道、妻の道が、この天の理、地の理において解明されねばならぬことを知れば、その理が象徴するものは何かを究明しよう。

夫の道

こふき話十六年本に、「くにとこたちの命わ、天にてわ月様なり。この神わ男神にして、おんすがた《御姿》わ、かしら《頭》一つ、おふ《尾》わひとすじ《一条》の(重複)たいりやう《大竜》なり」とあるが、仮空の動物としての竜において連想せしめるものは、雨雲に乗って天に昇る姿である。

地に対して天は神秘を含み理想を蔵し、真理に満ちるとする思想は、特に東洋思想において考えられてきたことであるが、ここからして我々は、現実と理想、現次元と高次元とを貫き通す一つの勢い、力を予想せしめる。

夫が対社会的に進歩的・前進的であり、常に理想を持ち、超現実的に働きかける意志的な存在であることを思い浮かべるとき、そこに根源的な夫の道が浮かび上がってくる。

しかも、竜は常に天にあるのではない。地と天を通うのである。

そこに、夫道の婦道に対する補足性がなければならない。

夫は、夫婦の私的存在の防衛者として婦を己の背後にかばうものでなければならない。夫婦の一切の責任を一身に背負うて超現実的に向上進歩し、そこに夫婦が現実に生きつつ現実を超える愛の渦巻きをつくるのが、夫の役割とも言える。

さらに、「このせかい《此世界》、国とこ《床》をみさため《見定》たもふ《給》」とあるごとく、夫婦存在におけるあり方、方向、目標の見定めがまた夫の責任でもある。

夫婦の積極的なあり方は、夫においてなされねばならないのであって、もし夫において、これに欠けるならば、まさに信頼のおける夫と言えぬのであって、夫道を全うせる者と言えない。

前掲書には「くにとこたちの命わ……ぶつぽふ《仏法》にてわ、しやかによらい《釈迦如来》とあらわ《現》れ、ぶつぽふ《仏法》をさつけ《授》たもふ《給》。また《又》、さきにいで《先出》、ほふ《法》をはじめ《始》たもふ《給》……」とあって、常に夫が婦の誘導者でなければならぬことを示唆され、「人間みのうち《身内》め《目》のうるをい《潤》のしゆうごふ《守護》の神様なり」と示されるところから、物を見つめるのに、潤いある正しき判断、決断の支配的あるいは指導的役割を果たさねばならぬことが予見されるのである。

また、「水の守護の理」と仰せたまうところより、万物の存在が水によって支えられるところから、夫によって婦を婦たらしめる補足性を示唆せしめたまう。

それは「うるおい」とも言える。水は器に従いつつ、さらに器を越えて満ちあふれる。すなわち夫は、婦を内包してさらに高次に前進する。

私たちは、これらの点に、夫の道の責任と使命性を知るのであるが、これらの夫の道は、しやちの性格であった、勢い強くつっぱる性格と相まって、「男らしさ」にあると考えられる。

この男らしさを欠くものは夫の道に外れるもので、夫の男らしさに守られた婦道は、夫への信頼のうちに、婦道を婦道たらしめる献身的な奉仕をもって、愛の巣を営むことになるのである。

婦の道

こふき話十六年本に「おもたりの命様わ、てん《天》にてわ日輪様、この《此》神は女神、御すがた《姿》わかしら《頭》十二の三すじ《条》のおふ《尾》に三つのけん《剣》ある大じや《蛇》なり」と、頭十二、尾三筋、その尾に剣ある大蛇と示される。

大竜が天地を貫いて宇宙的次元の大原理性を示し、夫婦生活の外的世間的なあり方に対して、大蛇が、本来、地上に住み、平面的なこの世的次元の大原理性を示す象徴が感じ取られる。

まさに夫婦生活の内的私的なあり方を示したまうことが考えられる。

夫の道が立体的時間的なる存在のあり方に対して、婦は平面的空間的なる存在のあり方において規定せられると思う。

夫道が理想的、可能性に向かうに対し、婦道が現実的、堅実性において規定せられる。

さらに、頭十二と表明したまうところより、一年十二カ月、一日のうちの十二時間、あるいは十二支等と関連して、時日、時間、方位など、この世的次元の空間性の大原理性を示すものと理解される。

言い換えれば、夫道が超時間的超空間的なるに対し、婦道が時間的空間的であるという、現実的この世的であることを示したまうものと解せる。

夫が、家庭の私的存在に対して無頓着であり、むしろ、社会的な立場において努力を払うのに対して、婦が、家庭の私的存在の万事にわたって注意力を払い、家庭を守ることにおいて細かに心を配ることは、この大蛇の十二頭の象徴において、我々は示唆深きものを与えられるとともに、この細かい家庭の内部的「心やり」において、夫は対社会的な生命に心おきなく力を捧げることができると考えられる。

婦の家庭における細かい心尽くしによって、夫は外で働く英気を養うことができる。

十二の頭において、夫を見守り、外での働きに遺憾なからしめるように注意し、たえず優しい心を配って夫への愛情に生きる。そして夫が現実から、理想を生み出す力を与える。婦道があって初めて夫道は全うされるのである。

前掲本によれば「をふ《尾》に三ツのつるき《剣》あるゆゑ《故》に、このり《此理》をあ(し)きな女わじやけん《邪険》といま《今》にてもゆう《云》なり」とあるが、女性が、私的存在に終始するのあまり、第三者が私的存在に介入するとき、それを拒否しようという働きが強い。それは時に、じゃけんとして現れる。

それが、夫婦間において「しっと」となる場合が多い。夫道に対する婦道を全うせしめ得ない第三者の参与に対しては、全生命においてそれを拒み続ける。この拒みは、一見じゃけんとも映るが、夫以外の男に対して身を委《まか》せないということは婦道の最たるものとして規定される。

若き日の教祖《おやさま》が、夫が不義な女に対する態度を許したもうたのは、宗教的な「愛」であって、それがために、夫の不義が許されてよい理由にはならない。

婦道は、夫道を乱す第三者を拒否するが、また、それなるがためにこそ第三者が入り込まぬための婦道の反省が要請される。

全き夫婦の愛は、相手が自分の元を去ったことによって瓦解するような関係ではなく、たとえ死別するとも、永遠に続く人格愛として規定しなければならない。

夫道は婦に対するうるおいに、婦道は夫に対するぬくみに、その補足性がある。すなわち、夫道は「男らしさ」において婦を守り、内を守り得るうるおいに夫道の夫道たるゆえんが存し、婦道は、「やさしさ」において夫をして外に働かしむるべきぬくみに、婦道の婦道たるゆえんが存すると考えられる。

この夫道と婦道の全きところ、夫婦の道は自ら本質的な男女の二人共同体を作るのである。

Ⅳ　生と死

天理教の死生観

はじめに

この稿を起こしたころ、十一月十三日（昭和四十一年）、午後八時三十分、初の国産旅客機、全日空ＹＳ11は、暗く冷たい松山の海に消えた。

折から大安と日曜日が重なり、乗客の中には、その日晴れて華燭《かしょく》の典をあげた、十一組のカップルが含まれていた。それぞれの胸に秘められた夢や希望は、冷たい水底に砕け散ったのだ。

旬日後には、熊本の「天草博」見学の途中、ハシケが転覆して、幼い中学生の生命が消え去った。その日チェコでは、ブルガリア機が墜落して、八十人全員が死亡したと報じている。

このような交通禍は後を絶たないし、私たちの周囲では、日毎病魔が人命を奪い去ってゆく。今日は他人のことであっても、いつ私のことにならぬとも分からぬのである。私たちは、好むと好まざるとにかかわらず、この「死」をめぐって、常に、厳粛なる人生の問題に取り組まざるを得ない。いわば、人生に対する種々の問題に、厳粛に真剣に取り組もうとすれば、人は究極において、生死の問題を問題とせぬわけにいかない。この問題を問題として何らかの解決をしておかない限り、人は真摯《しんし》に人生を歩むことはできないし、また不測の出来事に処して、それを乗り越えることができないと思われる。

近年、社会生活の水準が高まり、医療設備や、衛生環境が向上して、人間の平均寿命が著しく延長し、あたかも、人間はだれでも長生きできるようになったかのような錯覚を抱かしめるのであるが、それでは「死」は私たちから、遠き彼方に追いやられたのかといえば、決してそうではない。「死」は、私たち人間にとって、だれ一人といえども、回避し得ぬ決定的事実でありつつ、死に直面したときの心の準備を常に用意しているのでもなければ、死に対する根本的な解決を持っているわけでもない。

いわば、だれ一人として「死」の事実を体験した人がないだけに、意識一般の立場に立つ限り、これほど私たちから遠い問題はないと言える。

平素、健康な生命の輝きに満ちあふれている者が、死の問題を真剣に考えようともしないで、生命に対する自信と勇気を持って生き続けることが、必ずしも不真面目というわけではないし、むしろ、若い青年が死に拘泥して暗い人生を歩むよりは、はるかに素晴らしいことに違いないのである。しかし、かといって、死はいつ到来するか不明であり、現に生きている、たった今の、次の瞬間に来るかもしれないのである。「死」の悲劇性は、むしろ、死に対して無頓着な若者の上に起こり得るがためにこそあると言わねばならない。

いま、私が「死」の問題を取り扱おうというのは、死に拘泥して人生を暗く消極的に生きるためではなく、「死」の意義をよりよく認識して、「死」を超えて、人生を明るく、積極的に生きるためへの意図にほかならない。

死はだれも知らない

皮肉にも、人間は「死」についてだれも知らない。私たちの知っている「死」は、客観的な他人の死であり、主体的に知ろうとしても、実は不可能である。

人生を「死への存在」(Sein zum Tode)と考えたハイデッガーも、科学の客観的な死の生理的現象の理解が、少しも主体的な生死の問題に関係のないことを述べている。

ある人は言うかもしれない。私は確かに死んでおりました。それはそれは綺麗《きれい》な花園でした。その花園の奥から早く来るようにと呼ぶ声がしました。その花園の方へ行きたく思っておりますと、そちらに行ってはいけないという声が反対側からしました。どうしようかと迷っていると、ふと気がつきました。耳のそばで大声で友人が私の名を叫んでいたのです。私はきっと蘇生《そせい》したに違いありません。——

この種の話は幾度か聞かされたことがあるが、それをもって「死」そのものの理解とするわけにはゆかない。なぜなら、彼は生きているのであり、死んでいるのでないから、それがいかに死とかかわりの深い体験であっても、死そのものでないからである。

他人の死は、たとえそれが肉親や親しき人の死であっても、私自身の死と共感し得ることは不可能である。

故岸本英夫博士が、その著『死を見つめる心』の中で「死が、人間にとって大問題となるのは、生きたいと願う人間の生存欲をおびやかすからである」と述べているが、自己自身の生存欲とともに、肉親や親しき人に対する「生かしたい、死なしたくない」という共感は、時には自己自身と同等に強く感じられるものであろう。

しかし、この場合といえども、苦しみや悲しみは、死以前の体験に対する共感でしかあり得ないのであって、死の体験なき私は、死を感知し理解することはできない。

いわゆる「死」については主体的にだれも知らない、と断言できるのである。

死に対する解決の努力

人類は古来から、この「死」に対して、諸々の探求努力を試みてきた。

そのうち、最も素朴なものとして、不老不死を希求する思想が上代人にあった。

そして、種々の伝説が生み出されてきた。

不老不死の仙人とか、魔女がこの世に存在して、その秘法を聞くために出かけて行った英雄の話など、子供のころの夢物語りで聞いたが、人はいつまでもこのような素朴態にとどまるわけにゆかない。

現実の肉体を備えて、連続して不老不死であることが不可能であると分かったとき、人はせめて、霊魂だけでも不死であることを願ったものと思われて、いわゆる、霊魂論をさまざまに生み出したのであろうか。

キリスト教や神道は、肉体から切り離された後の霊魂の存続を信ずるものであるが、神道は、その霊魂の行く先については、キリスト教のように天国や地獄の思想を持たなかった。日本古来の『記紀』を、そのままに信仰した本居宣長の思想によれば、人は死後、善人も悪人もことごとく黄泉《よみ》という、暗い穢《きたな》い、じめじめした、いやな場所に行くことになっている。

それは確か、天国でもなく、また地獄でもなく、この世との連続の世界を予想せしめるものであった。

人間が、生命に対する愛着は、死後に、住む場所を変えて生き続ける、という他界観念を唯一の根拠として、ある民族は海底に、ある民族は地下に、また天上にというように想定したのは無理もないことである。

ユダヤ教や、古代のエジプトの宗教などは、所定の時が到来すると、肉体も一緒に再生することを信ずる思想である。

これらの考え方は、現在の常識からすれば余りにも縁遠いように思われるが、しかし身近な人の死において、これを信じることによって、せめてもの慰めにするのも人情のしからしむるところであろうか。

仏教における死後の世界

日本人の死に対する解決の方法に、最もあずかって力のあったのは、仏教であったように思われる。

元々、仏教には、霊魂の存在は認められなかった。

そして究極的には、生命の全面的な消滅を理想とするものであったようである。

元来、釈尊の説いた原始仏教では、霊魂は、人間の希求してやまぬ生命の延長として理解することはできない。むしろ、霊魂を希求するということは、人間が生きている証拠である。したがって、霊魂としてその存在が認められるうちは、苦悩と煩悩の内にあるのであって、理想的な涅槃《ねはん》の境地においては、一切は「無」であるべきなのである。それにもかかわらず、霊魂の思想は、仏教において根強く今日に及んでいる。その原因は、遠く仏教の起こったインドの社会と、仏教の母胎となったバラモン教の思想に根拠があるように思われる。

インドにおける宗教は、インドの社会に特殊なカースト制を切り離して考えられないのであって、司祭族、王族、庶民、奴隷のいわゆる四姓の階級制度を基本として、社会が分化するにつれて、複雑な派生的カーストが生まれ、祭祀《さいし》、婚姻、職業は無論のこと、食事や集会などの日常生活をも規制する、きびしく煩わしい制度となり、いずれかのカーストに生まれた限り、どうすることもできない鎖で生涯つながれてゆくのである。

そうしたカースト制の中で、インド人にとっては、貧富、貴賤《きせん》、優劣等すべてのものは、創造の神の手になるのではなくて、前生の行為、いわゆる「業《ごう》」の報いであると考えられた。

現在あるところは、すべて前生の行為の結果であるから、過去・現在・未来にわたって、善行は善果を、悪行は悪果をもたらす、と考えられた。これが輪廻《りんね》の思想である。

それ故に人々は、バラモン教の聖典ヴェーダを学んで善業を積み、カーストの義務を守り、幸福なる来生に再生するよう説かれた。

しかし来生においてもなお死があるので、さらに再び死なぬよう、早く梵我一如《ぼんがいちにょ》の境地に到って、この輪廻から離脱すべきだというのである。

こうした、インドのバラモン教やカースト制の中から、仏教は興ったのであるが、仏教もやはり、果てしなき輪廻と業より、いかに解脱《げだつ》するかということから始まったと言えよう。

ただ、仏教の特色は、バラモン教のように、神との合一のために祭祀中心主義に陥って、神々の救いを頼むというのでなく、人生の苦の根源を、自らの内に追求し、無明《むみょう》（無智）を断つことが解脱の道であるとした。そして、正しい修道法で精進さえすれば、何びとでも涅槃の世界へ解脱できると説いたため、カースト制度を超えて、王族や庶民、賤民にまで広まったのである。

仏教は、長い歴史的時間を経て、釈尊の哲理の内容を、種々粉飾し、多くの枝葉をつけたが、その根本の内容は、今なお伝えられているのであって、簡単に言えば、人生のあらゆる現象を苦と眺めることから出発している。

その苦の基本的なものは、生、老、病、死の四苦であり、この苦を解決するのは、四《し》諦《たい》である。

すなわち、苦集滅道《くじゅうめつどう》という四つの人生のあり方、を示すものである。人間存在はすべて苦にとりかこまれている（苦諦）。その苦の集まる原因を考えるのが集諦である。その原因は、一口に言って欲望（渇愛）による。渇愛は人生の執着となり、煩悩の炎となって苦となる。

この渇愛をとりのぞく真理を解明するのが滅諦である。

この真理は解明されるだけではいけないので、正しい実践が必要である。そのためには、八正道が行われなければならない。これが道諦である。四諦とは以上のような考え方である。

それでは、人間の物の考え方のどこに間違いがあるかといえば、私たちの眺める一切の現象は因縁によるものであり、生まれては消えてゆく一つの流れを形成して、一刻も同じところにとどまることがない、いわゆる諸行無常なのである。

諸現象は、一つひとつが互いに相依《よ》り相関係して存在している。したがって、相互の縁によって生じ、縁によって滅しているのである。

「これあるによって彼あり、これ滅するによりて彼滅す」という経典の言葉は、この真相を示している。

これを、人間はさも、諸現象が、常に存在すると思いあやまり、迷いを続けるから苦を重ねることになる、という縁起観が説かれる。

のちに十二縁起という考え方が行われて、生老病死の根本説明がなされた。

簡単に説明すれば、人生に対する無智（無明）から人間の行動（行）および意識活動（識）が起こり、それは自己という個体の感じ（名色）を持ち、それ故諸感覚を活動させ（六入）、欲の対象に接して（触）苦楽を受け（受）、また欲望を増長し（愛）、これが執着を生み（取）、一定の身分に対する固執となり（有）、それが生存という生命の欲求になり（生）、それ故老死に対して苦しみを抱くことになる。

こういう考え方なのである。

だから、苦を脱するためには、十二縁起の逆のコースをたどって、最終的には、無明を滅することにある。

ところが、このような最高理想の究極的境地は、理想の具現者である釈尊によってのみ達せられたのであり、普通一般の人間は、いくら修行を積んだところで、この現世においては、到底到達できない。

もし現世で体得できるとしても、それは、完全なものではない。肉体の死によって初めて、すべての煩悩の火の消え尽きた最高理想の境地が訪れるという解釈が、涅槃に対するいくつかの考え方を生むに至った。そうした考えの上に立って、後に、大乗仏教においては、如来の「善巧方便」としての来生を認め、なお宿業による相続という考え方が起きてきた。

仏教以前では、輪廻転生はカースト制度と強いつながりがあったが、仏教においては、三界六道というような世界が考えられた。

輪廻転生の思想は、衆生が、邪見、謬見《びゅうけん》、諸煩悩、業などのために、三界六道に死んでは生まれ、また死んでは生まれ、生死を限りなく継続していくのであって、衆生は多劫にわたって無限に苦悩を受けねばならないとされる。これの断絶した魂が涅槃である、と言われる。

三界とは、衆生が輪廻転生する迷いの三領域の区分、欲界、色界、無色界のことで、欲界とは、食欲、淫欲の強い者の世界。

色界とは、欲界の二欲を離れた者が住む清浄微妙な物質の存在する世界で、色愛、すなわち形あるものに対する欲望ある世界。

無色界とは、物質を超えた領域で精神的な世界ではあるが、有愛、すなわち存在欲のある世界。

また、六道とは、地獄、餓鬼《がき》、畜生、阿修羅、人間、天の六つの世界のことである。

創価学会における、生命論と言われるものも、この輪廻転生の思想から出たものであるが、本来の仏教思想からすれば、存在論的に霊魂の存在は認められないのであり、いま仮に霊魂の存在を認めるならば（それを霊魂と言わず生命と言っている）、存在としての生命は、必ず形ある物質に宿らざるを得ないという上から、その転生は、草木や器物に及ぶ非常世間、すなわち、一般の物質、自然物に宿るとし、真に成仏した者の生命のみが、この宇宙現象の中へ流れ込んで、宇宙の働きと調和して無の状態になる、と説いている。

死後の世界の様態

このように、仏教の思想の根本的なものを見てきたが、私たちには、死後の世界、すなわち霊魂の世界は、人間の経験を全く脱したものであるから、いわゆる人間の次元における存在の世界としては認められないものである。

しかし、人はまた、有限的生命の切実な希求として「ひょっとして存在するかもしれない」「きっとあるに違いない」という考えを否定し切ることはできないはずである。人間の歴史は、そのために、宗教に、文学に、あるいは哲学に、近くは科学に、さらには科学実験的に、霊魂の世界に目を着けてきた。「ひとだま」とか「幽霊」とか「怨霊《おんりょう》」とか言われるのは、そうした霊魂の存在を信じた上のことである。

しかし私たちが、霊魂の世界を、いわゆる対象的認識の立場に立って解明しようとする限り、現在の科学をもってしても、実証的には、一歩の前進も認められていないのである。釈尊が、死後の世界の有無について論ずることを「戯論《けろん》」として斥《しりぞ》けたごとく、全く果てしないいざれ言の繰り返しになってしまう。

なぜなら、死後の世界は、それが死後の世界たる故をもって、存在的次元の世界として、その有無を経験することは、何びとにとっても不可能に属するからである。

いわんや、その実証に至っては、全く不可能と言うほかはない。

天理教による死後の世界

私たちの信仰においても、死後の世界、霊魂の世界の様態については、何ら教えられるところがない。

そうした様態を知ることが人間の安心につながるかどうかは疑問であり、むしろ、分からぬからこそよいのである。

分からぬことを、さも分かったように想像することは、迷いを重ねることにもなりかねない。

しかしながら、その様態がいかにあるかということを知らされるのではなくて、人間の生命は生き続けるのであるという、高次元における実在としては、まことに明確に示されているのである。

そして、その実在のあり方は、親神が「だきしめている」と教えられる。

おふでさきに示される一つの例として、教祖御長男秀司様の庶子、お秀様が、たまへ様にお生まれ替わりくださる事柄を、

　このものを四ねんいせんにむかいとり

神がだきしめこれがしよこや（傍点筆者）　三　109
しんぢつにはやくかやするもよふたて

神のせきこみこれがたい一　三　110
このもと八六ねんいぜんに三月の

十五日よりむかいとりたで　七　67
それから八いまゝて月日しいかりと

だきしめていたはやくみせたい　七　68

と示されている。

お秀様は明治三年陰暦三月十五日、十八歳でなくなられているが、その後、明治九年陰暦十二月二十三日（陽暦明治十年二月五日）、たまへ様として誕生されている。

このおふでさきに続いて、

なわたまへはやくみたいとをもうなら
月日をしへるてゑをしいかり　七　72

と、秀司様の奥様であるまつゑ様のご出産前に既に、お名前まで付けておかれた。

このように、親神の側からは「神がだきしめ」ると仰せられている。

これに対して、私たち人間の側からは、親神に安らかにいだかれるという納得こそ、とりあえずの要項なのである。

神にいだかれるとは何と安らかなあり方であろう。

死に対する態度

私たちは、いわゆる死後の世界の有無の問題を見てきたのであるが、本来的な仏教においては、各自の内観において、無の境地、すなわち、涅槃《ねはん》の境地に到達することを目的とすることが重要課題であり、死後の世界の云々は、後世に派生された教説であったことを見てきた。

本教においては、死後の世界の様態をあえて必要とせず、私たちの納得に最も安心を与える、「神がだきしめ」るのである、というお言葉をもって示されていることも見てきた。

かくて問題は、いわゆる死後の世界の有無の問題から一段と深められて「死」に対する態度いかんの問題に転化してこなければならない。

そこで、私たちが「死」に対する態度に目を向けるとき、必然的に考えられねばならぬ二つの問題が提示される。

その一つは、死後の世界に対して相対的な関係にある、現在の生命の意味についてである。

いわば、私たちの生命は、悠久の時間のうちの、ほんのかりそめの一時を生きているのであるから、現在の肉体の生命が、果たして絶対的な価値があるのであろうか。むしろ、死後の生命の意味こそ、真実な目的があるのではないだろうか、というように、現在の生命と、死後の生命の目的判断の上に立った考え方である。

第二に、世界観の上に立って、現実の世界と、人間の希求する理想世界との二つの観念の解釈が問題となってくる。

特に、理想世界を死後に求める立場に立ったとき、現実の生命観は大きく変化し、我々の「死」に対する態度も決定的となるのである。

現実の命の意味

まず第一の問題として、死後の世界と相対的関係にある、現実の生命の意味についてであるが、その意味に対する解釈については、人間の存在がいかにして発生したかという問題が、最も大きい問題である。

近代における考えについては、大きく三分されている。

すなわち、一つは、唯物論の立場に立って、あらゆる生命の発生が物質から発生したという考えの上に立つもので、生命の起源を自然科学的に探究しようとするものである。生化学と言われる自然科学の分野が、これを担当していても、現段階においては、人間の生命はおろか、植物生命の探究さえも、手が届きかねているのである。

むしろ、私たちが問題とせねばならぬのは、他の二つの事柄である。

すなわち、一つは、この人間世界は、創造者によって創《つく》られた、という考え方である。他の一つは、人間や世界の発生については問題にしない、という考え方である。いわばこの人間世界は、存在するというところから出発するだけで十分だとするものである。

創造主によって、人間も世界も創造され、摂理されているという考え方は、天理教や、キリスト教の考え方であり、人間も世界も存在するところから出発するというのが、仏教の考え方である。

仏教における生命の根源については、人間の認識を絶するものであると言明するほかはない。天台大師の言によれば「只《ただ》心是《こ》れ一切法、一切法是れ心なり、故に縦に非《あら》ず横に非ず、一に非ず異に非ず、玄妙深絶なり。識の識《し》る所に非ず、言の言ふ所に非ず、故に称して不可思議と為す。意茲《ここ》に在り」と言って、厳粛に頭を下げるよりほかはないのである。

両者の是否については、いまは論を避けておくが、ただ、言えることは、前者の場合すなわち、神によって人間も世界も創造されたという考えからは、生死の問題は、神の手にゆだねられて、神の御心のうちにおいてなされるという考え方である。

特に、天理教の場合は、親神が、人間世界の表に現れて、人間生命の根源が親神の手によってなされたこと、その目的が、神人和楽の陽気ぐらしにあること、この世こそほかならず陽気ぐらしの場であること、陽気ぐらしができぬ原因はどこにあるかということ、人間の生死はいかなる意味合いがあるかということなど、人間存在の根底における諸問題を、啓示において明示したもうている。

そして、一口に言って、人間存在の万般が、親神の人間たすけたい一条の親心のうちにおいてなされていることが信じられるのである。

人間の根源的な創造と、啓示のゆえんについては、おふでさきに、

このよふを初た神の事ならば
せかい一れつみなわがこなり　四　62

にんけんをはじめだしたるやしきなり
そのいんねんであまくたりたで　四　55

と明示され、この世の人間の存在根底とその思惑については、

とのよふな事をするのもみな月日
しんぢつよりのたすけ一ぢよ　六　130

たいないゑやどしこむのも月日なり
むまれだすのも月日せわどり　六　131

と示される。そして、人間の肉体の所在については、

にんけんハみな／＼神のかしものや
神のぢうよふこれをしらんか　三　126

にんけんハみな〳〵神のかしものや
なんとをもふてつこているやら　三　41

と示されつつ、おさしづにおいて、人間の肉体が神のかしものであるのに対し、心一つが我がの理であることを明示されている。すなわち、

人間というは、身の内神のかしもの・かりもの、心一つ我が理。
（明治二二・六・一）

と仰せられている。

そして結論的に、人間存在の目的は、陽気ぐらしにあることが明示されるのである。

月日にわにんけんはじめかけたのわ
よふきゆさんがみたいゆへから　一四　25
せかいにハこのしんぢつをしらんから
みなどこまでもいつむはかりで　一四　26
このさきハせかへぢううハどこまでも
よふきづくめにみなしてかゝる　一〇　103

と、現実の生命の全面的肯定の上に立って救済がなされることを明らかにお示しくださ

っているのである。

既に述べたように、仏教においては、人間存在が苦における存在であるということを断定して教えが出発し、苦の消滅については、人間存在の縁起観に立って、一切の事物の無常が説かれ、それの内観における涅槃に目的があった。

ここにおいては、人間の存在は肯定でもなければ否定でもない。むしろ、時には、一切無の観想は、人間存在の否定にまで及んだことのあることが、歴史の上において示されている。

キリスト教においては、天理教と同様に、人間は神によって創造されたと教えられる。しかしながら、人間だれでもが神の子と認められるというのではない。「肉の子がそのまま神の子なのではなく、むしろ約束の子が子孫として認められるのである」（ローマ人への手紙　九8参照）といって、人は自然的に神の子たるのではなくして、創造されて後、アダムとイブがエホバの禁制をおかしたことによって、原罪を背負った後の人間は、イエス・キリストを仲保とすることによってのみ、神の子たちと称えられることを約束されている。

いわば、キリスト教においては、人間の誕生は必ずしも神の祝福したまうものでなく、もし人間が運命的原罪を自覚せぬ限り、神の恕《ゆるし》は受けられぬものとされるのである。

何はともあれ、本教においては、親神によって人間が創造され、その肉体も親神から貸し与えられているということは、我々の人間存在が全き肯定の上に存在することを示すもので、キリスト教のごとく、半肯定的に、または、仏教のごとく、肯定でもなければ否定でもないという存在の仕方ではない。

それを最もよく示すものが、本教の人間存在の目的は、陽気ぐらしであるということである。

私たちが、現実の生命を肯定するか否かによって「死」に対する態度も大幅に変わってくる。

現実の意味を、決定的に肯定してこそ、初めて現実の生命の存在の意味も明らかになるのであって、おのずから、そこに「死」に対する態度も、他と異なった意義を担うものである。

世界観の問題

現実の生命を全面的に肯定する場合の世界観と、半肯定的なキリスト教の場合と、さらに肯定でもなければ否定でもない仏教の場合と、それぞれに打ち立てられる世界観は異なってくる。

すなわち、問題としてきた、第二の課題である、世界観の上に立って、現実の世界と人間の希求する理想世界の二つの観念の解釈が問題となってくる。

特に理想世界を死後に求める立場に立ったとき、現実の生命観は大きく変化し、私たちの「死」に対する態度も決定的となろう。

宗教的世界観において、最も顕著なものは、キリスト教における天国、神の国の世界観と、仏教における極楽、寂光土の浄土観である。

共に現実世界に対する理想世界として、常に信仰者の心の中に描かれている。

では、その理想世界はどこに見いだされるのであろうか。

こうした、天国あるいは極楽の思想と切り離すことのできない思想は、キリスト教においては終末論があり、仏教においては末法論がある。

終末論と末法論

終末論（eschatology）は、世界および個々人の生死の問題を含み、人類のたどりつくべき究極的運命について述べる教説である。

現在における、キリスト教学の中心課題と申しても過言ではない。元来、ユダヤ教においては、世の終わりに必ずイスラエルを救う、救い主としてのメシアが出現するという思想があった。

そうした、旧約の思想に基づいて、初めてキリスト教の教祖イエスがメシアとしての意義を担い、キリストとされる。

イエスが人類の罪の救い主とされることによって、終末と神の国の実現が信じられるのである。

しかし、他面においては、なお神の国の完成は、未来のキリスト再臨の終末時に期待される。すなわち、この世の終わりにおいて、イエス・キリストにより最後の審判が行われ、福音が徹底せしめられる、と信じられる。

ここに神の国が約束せられるのであるが、この神の国と現実の世界とは、永遠と時の観念で説かれるのである。

このように、再臨、審判、終末に関する信仰であるが、最後の審判には、生ける者も死せる者も、共にキリストの面前に立たされ、最後の審判にあずかるのである。この審判によって、霊的、永遠の生命に生かされる者と、永遠の滅亡に到る者とが区別されるのである。

いわば、この世における人間の生命は、時の世界にあって、不可交換的唯一一回起的生命（一回きりしか、人間はこの世に生まれない）である故に、かけがえのない生命でありながら、結果的には終末時のための手段的な意義を担うものである点に、特徴があると見なければならない。

終末以後の神の国が、キリスト教における、理想世界として描かれるのであって、この世界においては、もはや人間の「死」は滅亡され、永遠の生命のみが約束されるのである。

仏教における末法思想は、正法、像法、末法の三時の歴史観によるのであるが、正法は教・行・証のそなわった時代で、釈尊入滅後五百年説、あるいは千年説がある。像法は証を得るものはなくなったが、教・行はなお存して正法に像似した時代で正法後千年と言われ、末法はそれ以降の時代で、教のみあって行・証ともに欠けた時代と言われる。正、像二千年説の立場から、末法時到来は、永承七年（一〇五二）に当たると考えられ、十世紀半ばには、末法到来の恐れが人々の心に迫って、もはや現世に望みをつなぐことはできない、願うべきは浄土往生のみである、厭離穢土《えんりえど》、欣求浄土《ごんぐ》のみが唯一の道であると説かれ、平安末期から鎌倉初期にかけて鎌倉仏教の華が開いた。浄土教や、日蓮宗はこの末法思想から教義を展開した。

このようなキリスト教、仏教の思想に基づいて、理想世界の求め方に種々の類型が説かれたのであるが、大別すると、理想世界をこの世でなく、死後の世界に求める考え方と、現実の世界のうちに求める考え方がある。

前者は教義を直接的に理解しようという立場であり、後者は、教義を宗教的象徴として理解しようとする立場である。

まず、理想世界を、この世とは別の世界に打ち立てようとする立場においては、伝統的な西方十万億土に極楽浄土があるという考え方や、天に神の国があるという天国の思想になる。

極楽浄土や天国が理想化されて、理想世界の幸福が強調されてしまうと、現実の生命の意義が第二義的となり、この世は、永遠の生命における幸福をとらえるための準備としての意味しか持たなくなってしまう。

キリスト教の殉教の歴史は、こうした寂滅思想（Quietism　キリスト教神秘主義の一つで、死後の天国に憧《あこが》れて、現実の生命を否定する立場）があずかって力があったと思われる。

現実主義の教義理解

しかし信仰は、あくまで現実の世界のものである限り、現実否定であってはならないところから、現実の世界のうちに、理想世界を打ち立てようという考え方も生まれてくる。

近代に入って、自然科学の発展は、中世的な彼岸的世界観の権威を持続することができなかったものと思われる。

こうした、現実の世界に理想世界を打ち立てようという考え方の方向に、また二つの方向があると思われる。

その一つは、この地上の現実世界を、具体的に理想世界につくり変えようという考えであり、いま一つは、必ずしも現実世界を具体的につくり変えようとはしないが、個人の内面的な心に重点をおき、現実世界をいかに受け取るかという点に目が注がれて、現実はそのままでありながら、映る心の世界に理想をもつという、大乗仏教における「娑《しゃ》婆《ば》即寂光土」の思想である。

しかし、この考え方が、人間の現実の生命の立場に重点をおいたとき、常に、終末観や末世思想が心の片隅に場を占めて、暗い影を投げかけてくる。

人は、常に現実に、永遠の天国を求め、涅槃《ねはん》の境地を希求しながら、内面的にも社会的にも絶望しつつある。

元来、東洋における宗教は、内観的な面に重点がおかれた。

しかし、今や人類の歴史的展開は、理想社会の建設を、現実の世界に転じようとする大きな動きを示している。

彼岸の生、天国の生がそのまま大衆に信じられる時代は、もはや過ぎ去ったのではなかろうか。

貧困窮乏の占める位置、とどまるを知らぬ国際的闘争に対して、唯一の内観において「死」を回避するという時代ではないのであって、我々の現実の生命を、また「死」の意味を新たな目で認識し、「大衆」と共に生きなければならない時に入っている。

そのためには「死」を重くるしい閉ざされた世界の中に押し込めるのではなく、明るいガラス張りの中において見つめつつ生きる人生観、あるいは世界観をこそ与えられねばならぬ時代になっているのである。

あえて、私たちは、これを、親神の御教えのうちに示そうとするのである。

天理教における死の言葉的表現

まず天理教においては「死」はいかなる事柄として示されるのであろうか。

第一に「でなをし」（出直し）という言葉で示される。

こふき話和歌体十四年本によれば、

にんげん《人間》ハしに《死》いく《行》なぞとゆう《言》けれと　しに《死》いく《行》やないかりものかやす《返》
かやす《返》のハみのうち《身内》ほこりつもる《積》ゆへ《故》　みのうち《身内》神がしりぞき《退》なさる

この《此》こと《事》をきもの《着物》にたとへ《譬》はなし《話》する　こゝろ《心》のよごれはらさぬもの《者》ハ
あら《洗》ハずバき《着》てること《事》をがでけ《出来》んから　なんぼをし《惜》てもぬ《脱》ぎす《捨》てるなり
にんげん《人間》ハし《死》ぬるとゆう《云》ハきもの《着物》ふを　ぬ《脱》ぎす《捨》てるのもおなじ《同》事なり

と示されるように、人間の死とは、古い着物を脱ぎ捨てるように、衣替えの意味があると教えられる。

肉体は、我がの理である心が、着ている着物のようなものであり、汚れて着ることができぬようになると、それを借してくださる親神に返して、再び新たな着物をお借りしてこの世に帰ってくるという意味である。

いわば、この世に出直してくるのである。

『天理教教典』第七章「かしもの・かりもの」には、

「人は、心の成人の未熟さから、多くは定命《じょうみょう》までに身上《みじょう》を返すようになる。身上を返すことを、出直《でなおし》と仰せられる。それは、古い着物を脱いで、新しい着物と着かえるようなもので、次には、又《また》、我《わが》の理と教えられる心一つに、新しい身上を借りて、この世に帰つて来る」

と示される。

「出直し」という言葉には、一つの場所において、なすべき事柄をなし終えて、再び元の場所に帰って来るという意味よりも、なさんとしてなし得なかった事柄を、新しき決意を持ってなさんとする場合に、元の場所に帰ってくる、という意味合いを持つ。いわば、人間が人間として、より完成に向かわんとする決意的な意味合いが強い。それは、人間の完成に向かう順序的な意を示すものであろう。

同じく『天理教教典』第三章「元の理」の一節に、

「最初に産みおろされたものは、一様に五分であつたが、五分五分と成人して、九十九年経つて三寸になつた時、皆出直してしまい、父親なるいざなぎのみことも、身を隠された。しかし、一度教えられた守護により、いざなみのみことは、更《さら》に元の子数を宿し込み、十月経つて、これを産みおろされたが、このものも、五分から生《うま》れ、九十九年経つて三寸五分まで成人して、皆出直した。そこで又、三度目の宿し込みをなされたが、このものも、五分から生れ、九十九年経つて四寸まで成人した。その時、母親なるいざなみのみことは、『これまでに成人すれば、いずれ五尺の人間になるであろう』と仰せられ、につこり笑《わろ》うて身を隠された。そして、子等も、その後を慕《しと》うて残らず出直してしもうた」

と述べられている。

三度ともに五分から生まれ、三寸、三寸五分、四寸と成長の段階を経たことは、出直しが、成人の順序における事柄としての理解を示すものと申してよいであろう。

出直しとほこりとの関係

生きている人間が、その肉体の活動を停止することは、人間の側からすれば、かりもののの身上を「かやす」ことである。と共に、親神の側からは「神のしりぞき」であり「神のてばなれ」であることを示されている。

このこ共二ねん三ねんしこもふと
ゆうていれども神のてはなれ　一　60
しやんせよをやがいかほどをもふても
神のてばなれこれハかなハん　一　61

このおふでさきは、秀司様の庶子、お秀様の出直しに関するものであるが、一見、出直しが、この世との断絶を意味するように受け取れる。しかも、それは、身体を借りてこの世に生まれたそのいきさつが、秀司様の「あくじ」(一62)あるいは「ほこり」(一53)の結果にほかならないとも言える。

しかし、実は親神の深い思召《おぼしめし》をもって、七年後(明治十年)に、生まれ替わらせておられる点からも、親神様の深い親心の程がうかがわれるのである(お秀様のことに関しては前述せるところである)。

出直しが、人間の心の未熟さのためであるという考え方は、かのキリスト教における「罪の支払う報酬は死である」(ローマ人への手紙 六23)の言葉を思い起こさしめる。もちろん、キリスト教における「死」は単なる、肉体の死のみを意味しない。神の怒りの極まるところ、肉体の死をはるかに超えて、魂の死へと進む第二の死を意味している。この死は、最後の審判において「永遠の滅び」(テサロニケ人への第二の手紙 一9)に定められ、全く神に「見捨て」(マルコによる福音書 一五34)られたものである。しかし、その「死」がたとえ、肉体的な第一の死に対し、霊的な第二の死であったとしても、それが徹底的な神の報復の死であるとすれば、人生はまことに不可解な矛盾の淵《ふち》に沈んでいる。

心なき幼児の「死」や、信仰的にも優れた人の「若死」をいかに解すればよいのであろうか。このことは、ただ単なる人智を超えた「神の秘義」と斥《しりぞ》けて納得できるであろうか。

そこに教示したまうのが「むかいとり」と仰せられるお言葉の意味である。

出直しは「むかいとり」て「かやす」ことである

このものを四ねんいせんにむかいとり
神がだきしめこれがしよこや　三　109
しんぢつにはやくかやするもよふたて
神のせきこみこれがたい一　三　110
（その他、七　67、68）

このおふでさきは、前項のお秀様の事柄を申しておられるのであるが、「むかいとり」とは「死」をして、永遠の滅亡《ほろび》に至らしめるものでないことを仰せたもうている。

親神が、その胸にだきしめ、迎えて守りたまう意味である。

そして、新しき身体とともにこの世に「かやす」と仰せたまうのである。陽気ぐらしのできる人間としての、期待と願いとを込めて、親神は、この世に人間として返したまうのである。

かの仏教における輪廻《りんね》転生の思想にみる、三界六道、あるいは、非情世間への転生ではない。

まさに、私たち人間のこの世にお返しくださるのである。

かくて人間は、永世末代に生かされ続けるのである。しかも、一刻も早く陽気ぐらしのできるようにと願い続けたまう親神の思いを万身に受けながら。

生まれ替わり出替わりの条件

次に、第四の問題として、人間がこの世に生まれ替わり出替わりするのは、いかなる条件をもってなされるのか、という問題が考えられる。

これについて、親神は「前生のいんねん」を寄せると仰せたまうのである。

せんしよのいんねんよせてしうごふする

これハまつだいしかとをさまる　一 74

これはまことに深い親心の現れと見なければならない。

すなわち、今生の人間存在のあり方は、前生の人間存在としてのあり方に関連づけられて、決定事項となる。

また、今生の人間存在は、来生のあり方への関連を決定するのである。

それを、親神の摂理として「いんねんよせる」と仰せたまうのである。

『天理教教典』第七章「かしもの・かりもの」に、

「人間には、陽気ぐらしをさせたいという親神の思いが込められている。これが、人間の元のいんねんである。

しかるに、人間は、心一つは我《わが》の理と許されて生活《くら》すうちに、善き種子《たね》もまけば、悪《あ》しき種子もまいて来た。善き事をすれば善き理が添うて現れ、悪しき事をすれば悪しき理が添うて現れる。

世界にもどんないんねんもある。善きいんねんもあれば、悪いいんねんもある。

（明治二八・七・二二）

およそ、いかなる種子も、まいてすぐ芽生えるものではない。いんねんも、一代の通り来りの理を見せられることもあれば、過去幾代の心の理を見せられることもある。己一代の通り来りによるいんねんならば、静かに思い返せば、思案もつく。前生いんねんは、先《ま》ず自分の過去を眺め、更には先祖を振り返り、心にあたるところを尋ねて行くならば、自分のいんねんを悟ることが出来る。これがいんねんの自覚である」

と書かれている。

かくて、前生、今生、来生の系列は、人間創造の時から永遠に継続するあり方である。すなわち、前生を起点とすれば、今生は来生であり、前々生は前生となる。永遠末代にわたって「生きどおる」のが人間の魂なのである。

おさしづにおいては、「親が子になり、子が親になる」と示されている。

山沢おさよ様が、教祖《おやさま》三女おはる様の生まれ替わりであると仰せられたおさしづに、

……さあ〳〵小人々々連れて戻りた〳〵。一寸《ちょっと》生《うま》れ出し大変の処《ところ》、案じる事は無い。どう成るこう成る、又々の処尋ねる事情をさいてある。今の処一つ分かる。今までの処早く呼び出せ〳〵。一つの処早く名を呼び出せ。待ち兼ねて連れて戻りた。親が子となり、子が親となり、名を呼び出せ。一時名を呼び出さねば分かろうまい。

さあ〳〵生《うま》れ更《か》わりたで。名ははる。名は付けたる印の名でよい。一時呼び出さにゃ分かろうまい。（明治二一・四・一六）

（おさよ様はおはる様の孫に当たる。母親ひさ様からすれば子になり、子が親になったことになる）

もちろん、こうしたいんねんの寄せられるのは、現時点において、親子系列が決定的事項となるとは思われないが、少なくとも、恩を受けた者が、恩を返すような様態において生まれ替わってくるものと思案できる。

したがって、家族内及び親戚《しんせき》関係に生まれ替わる確率が大きいと思わねばなるまい。

出直しの年齢問題

従って、第五に「死」の年齢は、必ずしも今生の心のあり方においてのみ決定されるものでないことが理解される。

たとえば前生十代で出直した人が、今生素晴らしい信仰的精進を重ねながら三十代で出直したとしても、それは、今生におけるその人の精進を親神が受け取られて、二十年の生命を守護されたものと解することができる。

出直しの年齢をもって、私たちが簡単にその人の今生の通り方の標準を決めることはできない。

出直しと悲しみ

第六に、出直しは、私たちの信仰においては、必ずしも悲しむべき事柄ではないと考えられる。しかるに、人は、確かに、近き人の姿の消えてゆくことに断ち切り難い悲しみを抱くものである。

しかし、その出直しは元来、親神の御計らいであり、何回生まれ替わらせても、陽気ぐらしの世にお連れ通りたまうための大いなる親心の摂理であり、また周囲の者たちをして成人せしめたい親心の現れであることを教えたまうのである。

衆知のように、こかん様が、明治八年八月二十八日にお出直しなされたのは、心ならずも教祖の思召《おほしめし》にそむいて、櫟本《いちのもと》の梶本家から、ぢばに帰されなかった周囲の人たちの心の啓蒙にかかっていた。

あれいんでこらほどなにもすきやかに
たすかる事をはやくしりたら　十一 33
それしらずどふどいなさすこのとこで
よふぢよさしてをことをもたで　十一 34
にんけんハあざないものであるからに
月日ゆハれる事をそむいた　十一 36

とおふでさきにも示されている。

死そのものは楽である

人間が「死」を恐れ「死」を悲しむのは、我々が常に「死」の周辺にあって、自己の終点をたえず目撃しながら、自己の必ず行きつく場所について何も知らされていない恐怖と、「死」にまつわりつく苦しみについての不安からであると思われる。

そして、それが自分の親しき人たちの死に対して、「死」そのものは共感できなくても、「死」を迎えるまでの心情に対する共感が悲しみをいざなうのであろう。

しかし「死」そのものは「楽々」のあり方であることを仰せたもうている。

……十分の話を聞かさにゃならんで。今までに生《うま》れ更《か》わり出更わりの理も聞いたる処、皆《み》んな十分に楽々と聞かさにゃならんで。よう諭してやらにゃならんで。

（明治二二・七・二九）

……皆心永く持ってくれ。身上から尋ねたら、こういうさしづありたと。急《せ》えてはならん。生まれ更わり、生まれ更わり〳〵まで聞き分けて楽しんでくれるなら、長く事であろ。長く理であろ。

（明治三六・二・一一）

と、「楽々」のあり方であるから、楽しんでくれと仰せられている。

死に際しての心残り

第八に「死」はこの世との断絶を意味すると考えられる上から、再び相見えざる悲しみに心を打ちひしがれるのである。

それは親しき人に対してほど、根強く感じられるのである。

自己の生命への限りない愛着を、自分以外のものに託する切なる祈りともいうべきものが「遺言」となったり、ある時は、精魂を傾けて創作した五線譜になったりする。さらに言えば、この世の生命の一瞬々々が、死して後の自己の永遠性を願う営みとも考えられるのである。

『論語』に「朝に道を聞くをえば、夕に死すとも可なり」とあるが、「死」に処する日常的なあり方を示すものと言える。

禅道が、その修行のきびしさを通して、生死一如の心境を作らんとするのも、また、日常の生活を通して、避けることのできぬ「死」に際しての安心を目指しているものと思われる。

本教においても「一日生涯」の心境は、そうした境地のものとも受け取れるのである。このように、人は「死」に向かって存在しているようにも考えられ、また、この世との断絶を意味すればこそ、なおさらこの世に心が残るのである。

しかしながら、我々の信仰においては、再び会い見えざるということではなくて、ほんのしばらくの別れであって、間もなく、再び相出会うのである。

人は「死」に際して、家族や子孫のことに心を残すと言われる。すなわち、家族や子孫に、自ら心を配り、その行き先に対して、関与できぬ心残りを言うのであろう。

しかし、これとても、関与できぬのではなく、かえってむしろ、必然的に関与せしめられるように、生まれ替わってくるのである。

人はただ「死」に際しては、親神によって迎え取られ出直しさせたまう親心の思召をこそ、感謝の思いを持って感じ取るべきである。

それにもかかわらず、人は「死」に処して、安らかな喜びを感じ取れるのであろうか。この世における自己の意識は、かけがえのない自意識として迫ってくる。人は果たさんとして果たし得ざる仕事にも心を残すであろう。また、成人を志しつつ成人し得ざりし自分の不甲斐《ふがい》なさも感じるに違いない。

そこに、親神が指し示される理想的な「死」「出直し」の本来的な姿は一体いかなるものであろうか。

出直しの理想像

ここに第九に、出直しの理想像がなければならない。

それを親神は、

しんぢつの心しだいのこのたすけ
やますしなずによハりなきよふ　三　99
このたすけ百十五才ぢよみよと
さだめつけたい神の一ぢよ　三　100

と示されている。

一見それは不可能なことのように思われるかもしれない。しかし現在の科学は、それを可能の世界と実証しはじめた。ジャン・ロスタンが、その著『生命、この驚くべきもの』の中に、「かつて平均寿命二十年であったものが今では六十年になっておりませんか。確かに二十世紀後半には、これがさらに増加するでしょう。……人類の大多数が約百年の生存の限界に達すると予想されます」と述べている。

さらに人間が高齢になったとき、よく働いた日の終わりに眠りたいという欲望が起こるように、安らかな死を迎えるのである。

今日と明日が眠りによってつながっているように、人間の死は、今生と来生とをつなぐ安らかな眠りであり、この世に帰るべき夢を楽しみつつ目覚めを待つのである。

人は永遠に生き続ける。眠りは長いときもある。また、目覚めて働く時間の長い日もあれば短い日もある。

しかし、親神は、太陽の光と共に起き出で、夜のしじまと共に眠りにつくよう教えられている。

明るい昼間は時間いっぱい働けるようにならねばならぬ。昼間いっぱい働いたら夜はぐっすり眠れる。

親神はそんな陽気な毎日にしてやりたいと望んでいてくださる。

V 家族

現在の家族問題

現在家族のジレンマ

人間が日々の生活をする上で、家族を全く無視することはできない。いま仮に、身寄りのない孤独な人がいたとしても、生きる上では将来の家族を予想するだろうし、時にはいま目の前に姿の見えない父母の姿が、常にその人の心の中で何らかの意味をもって生きているに違いない。

一般に、家族が共同の生活をする場を「家庭」と言っているが、夫婦が子を生み育て、親と子の間の本能ともいえる愛情の絆《きずな》に支えられて、家族の情緒が安定し、社会人としての機能が果たされるというのが、家族関係の理想的なあり方と考えられている。

このような理想的な家庭は、もちろんないとは言えないが、しかし現在の日本社会における家族関係の実態は必ずしもそうではなくて、本来ならば情緒が安定して社会的機能のエネルギー源ともなるべきはずの家庭が、何らかの問題を抱えて悩んだり苦しんだりしている場合が多く、時には家庭が地獄の苦しみの場となっている場合が、案外多いことに気がつく。

ところで、家族問題は一九五〇年ごろ以降、相当な変革をしてきたように思われる。戸主によって家族が統率されていた大家族のあり方から、核家族への形態をとる方向へと移行してきた。複数の世代が、一人の戸主によって統率された大家族から、一組の夫婦と子供からなる核家族に分散するようになったのは、日本の産業経済成長期に、労働力が都市に集中し、若者が地方から都市に流出して大家族制が保持できなくなったことが第一原因とされている。

ところが、このことは日本の社会に、またそれぞれの家庭に種々の問題をかもし出すことになった。

一九三〇年、精神分析学の祖と言われているジグムント・フロイトは、『文化とその不安』の中で、古い共同体の「家族」と、その後に生まれた文化共同体である「社会」との間に対立が生まれ、次第に激しさを増すであろうと示唆し、要約すれば次のように予言したと言われている。

「かつて、家族は唯一の共同体であった。しかし今、産業社会が力を増している。それは家族よりも強力な存在となるであろう。家族は今、崩壊の途にある。

まず、若者たちが家族の束縛から逃れようとしている。男たちも、家族以外の集団に依存しなければ生きてゆけなくなり、それだけ夫や父親としての任務から遠ざかりかねない。取り残された女たちは、その変化に不安と敵意を抱いている。やがて女たちも家庭の外に目を向け、妻として母親としての任務から遠ざかりかねなくなる。

そのとき、家族はぬけがらとなるであろう」

（日本放送出版協会編『21世紀は警告する4』参照）


半世紀前のフロイトのこのような予告は、ある意味では現実となったと言えよう。日本社会は、高度経済成長によって多くの働く人を必要とし、女性の職場は著しく拡大された。

近代日本においては、大正デモクラシーのころから、女性の人権尊重の動きもあって、女性が人間として「自立」するためには家庭の外に進出したいと願っていた傾向もあったが、そうした女性にとっては願ってもない機会が訪れたのである。そして、だれもが進歩と発展を目指して産業社会の各職場に、その他の職場に組み込まれていった。

ところが、家族関係についてみれば、そこに大きな落とし穴があったと見なければならない。

思えば、家庭を築くとか、家庭を守るということのためには、家族がお互いに相手の立場に立って譲り合わなければ成り立たない場所である。それを、お互いが自分をそれぞれ主張していては、どうしても摩擦が起きてくる。したがって、かつての大家族には、それぞれそれを互いに拘束し合う一種のルールのようなものがあって、それによって家族の絆は暗黙のうちに支えられていた。

つまり、家庭の全体と各個のバランスが保たれるところに家族の絆が生まれた。そのバランスの軸となるのが、その家の主婦であり〝母親〟であった。

人は家族の絆に支えられながら、社会人として育ち、社会と個人とのバランスが保たれつつ日本文化を生み育ててきたと言える。

そのとき家庭は「憩いの場」ともなった。

家庭が憩いの場として社会の機能を果たすための情緒の安定があって平和が維持できるためには、家庭の主役ともいえる「主婦」があり、その主婦が家庭の軸となることの喜びを感じ、家族が主婦に対して深い愛情と協力を惜しまぬとき、その家庭は理想的な家族構成を実現した。

一方、女性の人権尊重、女性の「自立」という視点から見たとき、その憩いの場である家庭は主婦の忍従と涙の上に築かれたものと映る。とりわけ、家の嫁の立場からすれば、その役割は、夫に仕え、子供を養育し、舅《しゅうと》・姑《しゅうとめ》の世話取りに、さらにはコジュウトと呼ばれる夫の兄弟姉妹に気を配り、休む間のない労働が課せられ、その役割が過剰であればあるほど嫁の評価は高まり美徳とたたえられるということであれば、当然の見方になるわけである。

特に、男がそれをごく当たり前と思い、女性の忍従や涙に対するよき配慮を欠くということであれば、なおさらのことである。

男女を問わず人生には涙や忍従があってはならぬというのではなく、ある面では必要な体験であるとも言えるが、家庭において一人の嫁に集約され、その土台の上に他の家族が安住するという矛盾を、民主的な男女同権と自主性を旗印とした戦後の風潮がそのまま見許すはずがない。

家庭のあり方が急速に変化しはじめたことは、当然のなりゆきであると見なければならない。

現在の日本の家庭では、夫婦の間柄にも親子の間柄にも、人権重視、自主性、男女同権の思潮が入り込み、それが時には自己中心の気まま勝手な振る舞いに現れようとも、それを古き家庭に戻すことはほとんど不可能に近いものとなっている。

人間は常に「古きもの」と「新しきもの」の二律背反の中で生きている。

しかし、今日ほど家庭内において古きものと新しきものとの矛盾に立たされている時代はなかろうと思う。

旧世代と新世代、あるいは新々世代が、家族としてあるとき、それが同一家族として同居するにしても、また、核家族として別居であろうとも、思いもかけない葛藤《かっとう》や軋轢《あつれき》が発生することがある。

古き家庭に慣れて、新しき思潮に対応することのできない家庭においては、夫婦の間柄にも、親子の間柄にも、さらには急速に訪れた高齢化社会の祖父母・曾祖父母に対する対応にも、矛盾と撞着《どうちゃく》がつきまとって、憩いの場であるべきはずの家庭が、地獄の場となっていることが多いのである。

青少年の非行、不登校、校内暴力、家庭内暴力、いじめ、自殺、殺人などの危険性が各家庭内に潜在し、子育てへの不安はますます増えてきた。それと同時に夫婦の間にも、大人同士の親子関係にも暗い影を落としている。

古き良き家庭への憧《あこが》れも消え去り、新しき家庭にも問題があるとすれば、それはどうすればよいのか。

現在社会は、その質問に答える確かな倫理は確立していない。少なくとも既成の枠組みや固定した観念では解決できそうにないが、筆者は、この難問を、天理教の教理と教祖のひながたを通して解決の糸口を見いだす希望を失ってはいない。

家族の絆《きずな》の性格

家族だけが集まって「水入らず」の団欒《だんらん》を楽しむことは、人間生活の理想のあり方として古来強調されてきた。理想とされてきたことは、いわば理想であることの困難さを表現していることにもなる。

その困難さのゆえんは、外的な条件もさることながら、家族の成員を結んでいる絆が同種のものでなく、異なった絆によっているということにもよるものであろう。

一般には、夫婦という横の関係、つまり男女の「性愛」によって結ばれた関係と、親と子という縦の関係、つまり「血」といわれる生み・生まれるの関係とが共存していることである。

これまで全く他人であった男女が「性愛」によって結ばれた関係と、生まれながらに運命づけられた血縁による関係は、その性質が全く異なっている。祖父母、曾祖父母、それに兄弟姉妹という関係が加わってくると、家族関係は何らかの環境の変化によって、あるいは人間関係の刺激によって、簡単に「一体」とはなれない対立や葛藤《かっとう》が起きてくるものである。

親子の関係は「血」の関係であるだけに、これは運命的に決定づけられていると見られる。親は子を選んで我が子とするわけではなく、子も自らの意志で親を選んで生まれてくるわけではない。親子関係は選択の許されない絶対的宿命的な関係と見ることができる。

これに対して夫婦の関係は、男が女を愛し女が男を愛するという選択の意志によって決まるものである。

もちろん、前近代的な社会においては当人同士の意志によることよりも、その社会の文化的背景が強力に働いていたことは否定できないが、そのときの夫婦は夫婦関係を絶対的宿命的な関係と意志づけることによって、運命と意志という矛盾する力を統一してきた。

しかし、近代的な社会では夫婦関係は当人同士の意志によって決まり、もし夫婦としての絆が破綻《はたん》をきたした場合、その関係を解消することも決して不可能ではないと考えられている。

また、夫婦が夫婦の「性愛」のみに重点をおいたとき、夫婦がその父母や祖父母に対する視点は、決して古き時代のものでないことを承知しなくてはならない。特に嫁の立場から家族の宿命観を外して夫の父母を見たとき、血の関係としての生み育てられた関係がないだけに、その絆は浅薄なものとなりやすい。

もし、父母・祖父母の扶養関係にかかわる場合は、激しい抵抗が起きる場合が多い。

現在、核家族化の要因の強力な条件と見なければならない。

高齢化社会の日本の社会福祉の諸問題が、国家行政の主要課題となっているのも宜《むべ》なるかなと思われる。

現在の日本社会では、この運命と意志という、全く相対立する力が家庭の中で働きやすくなっているので、このバランスをとることがきわめて難しい状態にあると見なければならない。

運命と意志の統一という点では、絶対的運命的であると言えるはずの親子の関係においてさえも、現代の日本の若者は、「自我確立」の教育を受け「自立」を自覚しはじめるとき、意識的に父母を否定しようとする場合がある。物議をかもす家庭内暴力、不登校、ひきこもり現象は、まさに父母への否定が原因とみられるが、対応の方法は大変難しいと言われる。この現象はまた、親が子を否定しようとする現象にもつながっている。親と子という「血」による絶対的運命的な関係も、人間の「個」の自立の意志の前には絶対性を保持することが難しくなってきた。

このように現代の日本社会においては、夫婦の絆も親子の絆も、自立の意志の前には脆《もろ》いものを内包していると言わねばならない。

その原因については、先述の急激な経済成長の社会現象も要因となるだろうし、さらに考えられることは、二世紀にわたって「近代的自我の確立」を追求してきた欧米型文明が、一九四五年（昭和二十年）の終戦を境に、堰《せき》を切ったように日本に流入してきたことによると見なければならない。

近代的自我の確立は、人間の一側面である「個」の自立を強力に標榜《ひょうぼう》する考え方である。日本の戦後生まれの世代は、一般に団塊、断層、新人類、団塊ジュニアなどの名で呼ばれてきたが、これらの世代は戦前生まれの世代に比して大きな特徴をもち、相互に微妙な差異をもっていると言われる。

これらの世代は、日本社会に新しい経済市場を作り上げてきたしたたかさがあるが、それだけに「自我」の精神を強くもっている。

人と人との結び付きを大切にし、義理や人情とともに「家」や「社会」や「国家」との絆を大切にしてきた戦前の世代からすれば、何か安心できない大きな変化が起こってくるように映るのは、もっともなことと言わねばならない。

社会と個人、家族と個人、それは全体を構成する単位としての個と言ってよい。これを、一つの生命体とその生命体を構成する一単位としての細胞と見立てたとき、どのように考えられるであろうか。

もし、一つひとつの細胞が自我を主張し、それぞれの生き方を互いに主張しはじめたら、生命組織の維持どころか個体の生存も難しくなる。

細胞病理学的に言えば、個体として生命をもつ人間の、急速な「ガン細胞化」ではないだろうか。近代的自我の確立は、ある意味では個体としての人間の急速な「ガン化のすすめ」ではなかっただろうか。

人と人との絆にはいろいろな形があるが、現在の日本の家庭には、個人の自由が重きをなして、全体としての家庭が軽んじられる傾向がある。もし、それがエスカレートすれば、家庭の崩壊にもつながりかねない。

このような現在社会では、家族の絆の異なった性格の上に、社会的背景となる経済や教育など文化的な要因が、家族関係の絆を一層弱めているように思える。

高齢社会をどう生きるか

大高齢時代のシニア像

生物の誕生から死ぬまでの全過程、つまり生物の歴史は、ライフサイクル（life cycle）と言われる。その全過程を段階的に区分するライフステージをいかに生きるかという考え方は、古来種々言われてきたが、その区分としては、一般には幼年期、少年期、青年期、壮年期、老年期に分けている。

二千五百年も昔に、孔子は『論語』の中で、三十にして立ち（而立《じりつ》）、四十にして惑わず（不惑）、五十にして天命を知り（知命）、六十にして耳順《したが》う（耳順）と言い、人生の最終段階としての七十にしては、心の欲するところに従って矩《のり》を踰《こ》えない（不踰矩）ということを述べている。

この論語の言葉は、戦前の中学校で聞かされたが、七十歳を過ぎてもまだ不惑や知命にも至っていないというのが、正直な筆者の思いである。

それにしても、二千五百年も前の孔子の時代は、人間はどのくらい生きたのであろうか。少なくとも七十歳まで生きることは容易ではなく、生きた人は希少価値として尊重されたに違いない。

今日の日本は、平均寿命が女子八四・〇一歳、男子七七・一六歳（一九九八年厚生省調べ）で、過去の世界の歴史にはない高齢社会を作り上げた。

現在はまさに「大高齢時代」と言うべきであろう。

大高齢時代が、何の矛盾もない理想社会実現に、自然に進歩の歩を進めていると考えるのは早計であり、大高齢時代が進むにつれて、いろんな問題を背負うことになる。

たとえば、未来予測の統計によれば、二〇一五年には四人に一人が六十五歳以上の高齢者となると予測され、すでに市町村レベルにおける人口統計では、高齢者比率が四〇パーセントに達しているところも続々出現している。

こうした状況のなか、二〇〇〇年からは「介護保険制度」の導入が始まり、新しい時代の高齢化福祉システムが動き出した。

高齢者の急増は、従来の福祉行政に見られるような「施し型福祉」では破綻《はたん》を加速させることが必至と考えられるので、大高齢時代は高齢者自らが福祉サービスメニューを選択し、老後をプランし、「豊かな老後」を作り上げていくという、新しい創造的老人像が形成されなければならないようになった。

このような「選択型福祉」を支える制度こそ、介護保険制度である。

つまり、何もかも行政から支給される福祉ではなく、民間事業者における福祉サービスのラインアップから自分の老後プランに合ったサービスの選択ができるという、新しい枠組みが考えられているのである。

一口に高齢者と言っても、六十五歳以上の高齢者がすべて同じライフスタイルであろうはずはない。

老後のライフスタイルは、少なくとも三回は変化すると言われる。それは、まだ心も身体《からだ》も元気な「ヤング・オールド」の時代、次に、外出などがおっくうになりインドアの生活が主になる「オールド」の時代、そして最後は、要介護の「オールド・オールド」の時代。この三つのライフスタイルがあると言われる。

もちろん、年齢は必ずしも、何歳から何歳までと限定するわけでなく、人それぞれによって異なるものである。

新しい時代の老後設計は、「ヤング・オールド」の時代をいかに長く保つかにつきる。大高齢時代のシニア像は、そのための積極的なタイトルの選択と明確なビジョンの形成にあると言われている。

そのキーワードとしては、３Ｋと呼ばれる「経済不安」「健康不安」「孤独不安」という三つの不安要素を取り除くことにあると言われるが、そのためには、高齢者と呼ばれる年を迎えてからでは遅く、六十五歳の十年ぐらい前からその準備をするべきであるとの呼びかけが強い。

大高齢時代の一般のシニア像を述べてみたが、よく考えてみると、３Ｋと呼ばれる「経済不安」「健康不安」「孤独不安」が取り除かれたからといって、目的が達せられるというものではない。

現実に、３Ｋが除去されているのに幸せでない老人もいる。いわば外見の問題だけではなく、高齢者個人個人の心の安らぎがいかにあるかに問題があろう。

前述した『論語』のライフステージの精神内容も、歴史的風土的な違いもあって、現在人には抽象的であり、具体的に納得できる教訓であるようにも思えない。

さて、大高齢時代における、老人が社会に適応して人間として最終的に平穏に生きる生き方はいかにあるべきか。

日野原重明氏の名著『老いを創める』（朝日新聞社）に、かつて、カリフォルニア大学の心理学者らがまとめた業績を整理して、日本の心理学者の今田恵氏が『朝日新聞』（昭和四十三年九月二十九日付「老と生」欄）に発表した五つの型が記載されているのが、非常に具体的なライフスタイルを印象づけたので述べておこう。

一、成熟型（円熟した老人）

平穏に老境に入り、神経症的葛藤《かっとう》なく、自己を肯定し、他人を責めず、過去を悔やまず、現在を無駄にせず、日常の活動と人間関係とに心から満足している。

二、自適型（揺り椅子《いす》の老人）

概して受け身的であり、責任からの解放を歓迎し、安楽を楽しみ、現状に甘んじ、たいして大きな望みももたず、他人まかせである。

三、装甲型（よろいかぶとで身を固めた老人）

不安に対する防衛体制を確立しており、自己の無力や弱みをかくし、老齢に対抗し、しいて活動することによって身体の衰えに抵抗している。

四、憤慨型（怒っている老人）

若いときの思うようにならなかったことを気に病み、それを他人のせいにして非難し、老境を受け入れない。

五、自己嫌悪型（自分はだめだという老人）

自分の失敗と失望を忘れず、この点は憤慨型と同じであるが、その責任を自分自身に帰して自分を責め、老境に入るに従って抑うつ的になる。

右の五つの型のうち、はじめの三つは、それぞれの仕方で老境に適応しているが、あとの二つは不適応な状態であると言われている。

先述した、老後のライフスタイルの三回の変化、つまり、ヤング・オールド、オールド・オールドのうち、はじめのヤング・オールド、あるいはオールドのときの状況ではよくみかけることができるが、オールド・オールドのときには、成熟型や自適型は持続できても、あとの三つの型は、もはや適応できなくなっているのではないかと思われる。

現在の社会福祉のシニア像は、右の五つの型のうち、三の装甲型を要請しているようにも思われる。

少なくとも、理想の型としては最初の一、二に該当することが望ましいが、そのためには、3Kと呼ばれる「経済不安」「健康不安」「孤独不安」が除去されるだけでなく、いかなる状況のもとにあっても精神安定がなされることが前提となるので、若きころからの正当な信仰による精神修行が必須の要件となる。

天理教における老人像

若者や年寄りに関係して述べられたおふでさきのおうたでは、次の一首が極めて印象的である。

しやんせよハかいとしよりよハきでも
心しだいにいかなぢうよふ　四　132

このおうたの前提としては、四号の121から131にわたって、親神の自由自在の守護は必ずしも、一般の目から見て力が強いとか、権力があるからという理由によって得られるものではなく、時にはいかほどの剛の者と言われる者でも、親神の守護が失われてしまったならば、力を出すことも働くこともできなくなる。ここをよく納得して通るようにと諭されている。

もちろん、「元の理」に基づく教えを聞き分けた者と、さもない人間思案で通っている者との、親神の御思いのもどかしさを示される上からの諭しである。

したがって、前掲のおうたの直接的な悟りとしては、『おふでさき注釈』に示されるように、

「親神の自由自在の働きを、深く思案せよ。若い者も、年寄りも、またどのような弱い者でも、各々の心次第でどんな守護もしてやろう」

と仰せられているのである。

大高齢時代における老人にとっては、まことに頼もしくもありがたい思召《おぼしめし》と言わねばならない。引き続いて、おふでさき第四号の締めくくりとして、

いまゝでもをなぢくらしていたるとも
神のぢうよふしりたものなし　四　133
これからハよろづの事をみなとくで
心ちがいのないよふにせよ　四　134

と記されている。

つまり、今までは人間として同じ生活様式で暮らしていても、親神の自由自在が分か

った者がいなかったが、今後は、いかに生活様式が変わったとしても、万事万端にわたって陽気ぐらしの原理を説くので、心得違いのないように、常に心して通るようにせよ。こう戒めてくださっている。

大高齢時代に入った現在は、かつての大家族制のもとにあった生活様式とも異なり、世代間の価値観の相違や、特に家族構成員の一人ひとりの心のありようは大きく隔たってきているので、高齢者の生き方、また高齢者に対する家族の対処の仕方は、必ずしも一定でなく、多様化するのもやむを得ないことである。

しかし、この道を信仰している人たちは、たとえいかに生活様式が変わっても、すべての場合に通じる天の理を説き明かしているから、その天の理に則《のっと》って暮らすようにせよと諭されているものと悟れる。

したがって、たとえば過去においては、老人を老人養護施設に入れることは、子として孝の道に外れるという世間体が慮《おもんばか》られたが、今日では家庭状況によっては、よく親と子の心が通い合って、十分の納得と満足すべき家族の心遣いや配慮がある限り、「天の理」に外れることにはならないと思案できる。

それにしても、近時急速に大高齢社会を迎え、対処すべき国家としての行政による社会福祉のめざましい進展をみたことは結構なこととはいっても、家族構成員それぞれの「心」のあり方は定かでなく、倫理道徳と言われる社会規範は明確にはなっていない。

おふでさき第五号に入って、現実に難しい社会問題となっている、夫婦や親子の家族問題の治まるための、基本条件とも言うべき親神の諭しが、最初の十数首に記されている。

もちろん、他の場所にも諭されてはいるが、まとまった個所として代表的なお諭しであろうと思える。

おふでさき第五号の記された明治七年ごろは、日本が近代化する夜明け前の時代と言える。したがって、伝統的な家族意識は江戸時代と大きな変化のない家父長制の時代である。そうした時代に、ここに述べられる数首は、当時としては画期的な内容のものと言える。

一やしきをなじくらしているうちに
神もほとけもあるとをもへよ　五 5
これをみていかなものでもとくしんせ
善とあくとをわけてみせるで　五 6

このはなしみな一れつハしやんせよ

をなじ心わさらにあるまい　五7

をやこでもふう〳〵のなかもきよたいも

みなめへ〳〵に心ちがうで　五8

と記されている。その大意を述べると、

「一軒の家で、同じ屋根の下で暮らしていても、『神も仏もあるものか』と言って通っている者もあれば、『神様、仏様のおかげで』と言って通っている者もある。『神も仏もない』のではなく、その者の心によって神も仏もあるのであって、親神は、その心の理によって善と悪とを分けてみせる。そしてその事実を通して、神も仏もあるということを得心させよう。人間には同じ心の者はいないのであって、親子でも夫婦でも兄弟姉妹でも、みなそれぞれに心が違うのである」

ということである。

当時、儒教倫理が中心となった道徳観が根強く、その特色である男尊女卑、上下高低の階級差意識、特に家族は家父長制であったので、すべて家父長の心に絶対服従で、家族構成員個々の意志は抑圧されるのが常であった。

そこには、神仏、つまり信仰による「心」のよりどころをもつことの意義づけが述べられ、また人間個々の神聖な人格性、つまり、個々人の心の主体性が述べられ、それなるがため、最も近しい一家の親子、夫婦、兄弟姉妹もみな心が違うから、お互いに相互の心を理解し合って、「思いやり」の心遣いで暮らすことの重要さが述べられている。

さらに、「善とあく」とを分けると仰せられることについては、当時おぢば近辺の話題を手掛かりとして、五号の最初の1から4に、親神の思召《おぼしめし》の主意が述べられている。

当時の話題というのは、『おふでさき注釈』によれば、

「某女は邪けんな性質で、教祖様に数々の御恩を受けながら、お屋敷の前を通っても立寄る事さえしなかった。それ程であるから、人々に対してもむごい心づかいが多かった。教祖様は常にそばの人々に『報恩の道を知らぬ者は、牛馬に堕《お》ちる。』とも『牛見たようなものになる。』とも仰せられた。果して、某女は、明治七年から歩行かなわぬ病体となり、二十余年間、そのままの状態で家人の厄介になってこの世を終った」

ということである。

おふでさき第五号の1～4のそのおうたは、

いま〳〵でハぎうばとゆうハま〳〵あれど
あとさきしれた事ハあるまい　五　1
このたびハさきなる事を此よから
しらしてをくでみにさハりみよ　五　2
このよふハいかほどハがみをもふても
神のりいふくこれハかなハん　五　3
めへ〳〵にハがみしやんハいらんもの
神がそれ〳〵みわけするぞや　五　4

とのおうたである。一応の通訳をすると、

「これまでから、牛馬に堕ちると説く者もあるが、いかな者が牛馬に堕ちるか、またいかにして牛馬の道から救われるか、今日までに明らかに説き諭したことはないのでだれも知らないであろうが、この度は、身に障りをつけて、来生のことをこの世から知らしておくから、現れている我が身の姿を見てよく反省をせよ。それというのも、この世は親神の司るところであるから、どれほど我が身思案で自己の利益ばかりを計っていても、いったん親神の積もるもどかしさが現れたならば、いかんとも致し方がなくなるのである。したがって、人々は自分さえよければよいという我が身勝手な心はもたぬよう、親神の心に従うようにさえ通れば、親神が見分けして連れて通る」と解釈できる。

筆者のような高齢者になると、先ほどの逸話やおふでさきの内容が、ことさらに我が身とかかわりあることとして身につまされ、含蓄深く味わうことができる。我々は、以上の諭しを、短絡的な親神の因果応報による罰則と受け止めたり、そのため親神に対する畏縮の感情をもったりすべきではない。親神の摂理の中に込められた深い親心を見いだし、「今」をいかによろこびの心で生かされるかに重要な意義があろう。

特に、高齢者は、今日まで深き厚き十全の守護によって長らくお連れ通りいただいたことに、何らかの感謝とよろこびの表現がない限り、人間として生かされている「人間としての魂」の証《あかし》が失われてしまうことになろうと思われる。

信仰に培われた感謝のよろこびがある限り、目も見えず、耳も聞こえず、身体も動かず、垂れ流しのベッド生活が到来したとしても、息吹き分けの守護がある限り、人は厳然として人であり、見方考え方によっては美しい、見事な老年と、自然の出直し（死）

を体験することができるということを、人間精神の深層における悟りの台として諭されていると筆者は信じている。

　老年期をそうした深い悟りの境地で通ることが理想であるが、そのためには、必ずしも老年に及んでただちにその境地に到達できるわけにはゆかないと思う。少なくとも青年期、壮年期に準備を進める配慮がなければならないのではなかろうか。

　先述したように、家族は親子であれ夫婦であれ、また肉親の兄弟姉妹であれ、「心」が違うと諭されているが、「心」が違うということは、相互に理解し得ない断絶の意味を仰せられたのではなく、親神ををやとする一れつ兄弟姉妹であるので、相互の理解納得は十分できるように創造されている、と教えられる。

　しかし、自由を勝手とはき違え、自己中心の自我意識のみを主張すれば、家庭の治まりどころでなく、社会の基盤も揺るがせることになる。

　そのため親神は、おふでさきを通して、

　いまゝでハせかいぢううハ一れつに
めゑ〳〵しやんをしてわいれども　　十二　89
なさけないとのよにしやんしたとても

人をたすける心ないので　十二 90
これからハ月日たのみや一れつわ
心しいかりいれかゑてくれ　十二 91
この心どふゆう事であるならば
せかいたすける一ちよばかりを　十二 92
このさきハせかいぢうハ一れつに
よろづたがいにたすけするなら　十二 93
月日にもその心をばうけとりて
どんなたすけもするとをもゑよ　十二 94

と仰せられ、このように相互に「たすけ合う」心をお急《せ》き込みになっている。

「たすけ合う」ということに関連して、高齢者は、家族が、あるいは他人が何かを「してくれること」を期待しやすいものである。

現在の社会は「行政上の老人」には、「してもらう権利」を認めている。

しかし、人間の精神の本質は、老人であろうと若者であろうと、決して「してもらう」ことが本義ではなく、「互い立て合いたすけ合う」ことが本義であることを銘記すべきである。

特に老人は、この本義を忘れてはなるまい。年老いれば、すべてが許されると思うのは一種の甘えでもある。

他人のため何か役立ちたいと努力を重ねた人には、ある種の尊敬が感じられるものである。視力も聴力も運動能力も、何もかも失われた人が、他人に尊敬を覚えさせずにはおかないような威厳を感じさせる場合がある。

それは、その人が生涯を「おたすけ」に専念し、他人のたすかることを追い続けてきたという実績であったり、またそんな人に限って、何をしてもらっても慎《つつ》ましく他人に感謝することを心から実践した優しい姿に対してである。

年寄りは、人生の終焉《しゅうえん》を迎える日が近づくにつれて、肉体的にも精神的にも苦しみが増すものである。そして、その苦しみの中から感謝の心をもつことは容易ではない。したがって、一般的に言って、年寄りは愚痴多きものと言われ「ひがみっぽい」ものと言われる。

年寄りは実に感謝をしない。というよりは、感謝の念が失われることが、老化の特色ある症状として現れるのではないかと思えるふしもある。それは高齢期に入った自らの体験を通しても自覚できることである。

どんなに苦しくとも感謝することの一つもない人生はない。だれの力でここまで生かされてきたかを思えば、その人に感謝の心は起きてくるだろうし、何よりも我々道の信仰者は、親神の十全の守護に守られていることを、人間として生かされた魂の、心からの叫びとして奮い起こさねばならない。

矢持辰三（やもち　たつぞう）

1922年、京都府に生まれる。

1944年、旧満州（中国東北部）へ布教に出る。

1946年、天理教校勤務。

1949年、天理教校本科卒業。

1972年、天理教豊木分教会長（1994年まで）。

1973年、天理教校専修科主任（1983年退職）。

2000年7月27日、出直し。

著書に『おふでさき拝読入門』『稿本天理教教祖伝入門十講』（いずれも天理教道友社）がある。

天理教《てんりきょう》の人生観《じんせいかん》

立教163年（2000年）10月26日　初版第1刷発行
立教166年（2003年）3月26日　初版第2刷発行

著　者　矢持辰三《やもちたつぞう》

発行所　天理教道友社
〒632-8686　奈良県天理市三島町271
電話　0743(62)5388
振替　00900-7-10367

TENRIKYO DOYUSHA

印刷所　株式会社天理時報社
〒632-0083　奈良県天理市稲葉町80

ISBN 4-8073-0465-8
定価はカバーに表示